사랑과 축복

사랑과 축복

조용기 지음

초판 인쇄 2009년 9월 8일
초판 발행 2009년 9월 12일

발행처 서울말씀사
편집인 최문홍
등　록 제11-105호

서울 강서구 가양동 1487 가양테크노타운 306
Tel. 02-846-9222
Fax.02-846-9225

※잘못 만들어진 책은 바꾸어 드립니다

사랑과 축복

조용기 지음

서울말씀사

머리말
foreword

　신앙생활이나 목회생활을 성공적으로 하기 위해서는 끊임없는 자기성찰과 노력이 필요합니다. 이 성찰이야말로 가장 날카롭고 빈틈없어야 합니다. 자기 성찰을 위해서 우리는 자기 소리를 내지 말고 성령께서 각자의 양심을 통해서 들려주시는 음성에 귀를 기울여야 합니다. 우리는 자꾸 남에게 자기말만 하기 때문에 실패하는 경우가 많습니다. 그러므로 듣는 시간을 가질 필요가 있습니다.

　엘리야가 실패한 까닭도 이와 같습니다. 그는 갈멜 산 위에서 큰 싸움을 하느라고 정신이 완전히 외적인 일에 팔려 있었습니다. 바로 그때 이세벨이 자신을 죽이려 한다는 소식을 듣자 엘리야는 혼비백산 겁에 질려 달아났습니다.

하나님의 음성을 잃어버리고 말았기 때문입니다. 그러나 나중에 호렙 산중에 들어가 고요히 자기를 성찰하는 시간을 가질 때 세미한 하나님의 음성이 들려왔고 거기서 그는 재기하였습니다.

제가 현역으로 목회활동을 할 때에 하나님 앞에 더 향상하고 발전하는 목회를 하기 위해서 우리 교회 목회자들과 매주 함께 성경을 읽고 하나님의 음성과 뜻을 구하는 기도회를 가졌었습니다. 그때 기도회에서 제가 목회자들의 영적 성찰을 위해 전한 강의 내용을 엮어 책으로 발간하게 된 것을 영광스럽게 생각합니다.

"철이 철을 날카롭게 하는 것같이"(잠 27:17)라는 하나님의 말씀처럼 이 책이 읽는 분들에게 외부의 분주함을 벗어나 자기를 발견하고 하나님의 음성을 듣는 성찰의 기회가 되기를 바랍니다. 그리고 여러분의 신앙생활과 목회에 도움이 되기를 간절히 기도합니다.

2009. 9
여의도순복음교회
원로목사 조용기

차례
Contents

1/ 성공적인 삶을 위하여

가시적 믿음 • 11
창조적으로 생각하고 꿈꾸는 법 • 18
삶의 태도 • 23
성공의 첩경(捷徑) • 32
창조적인 사람 • 43
인간됨의 3대 요소 • 49
다른 사람보다 뛰어나려면 • 57

2/ 성공적인 신앙생활을 하려면

마음의 양약 • 67
세 가지 무기 • 75

하나님께 빚 지우는 방법 • 83
천국은 침노하는 자의 소유이다 • 91
생수의 강 • 97
성령과 우리와의 관계 • 104
마음의 준비 • 110
효과적인 기도 방법 • 117
이미지 용법 • 124

3/ 성공적인 목회자가 되려면

로고스와 레마 • 135
영원한 질서와 평안 • 142
하나님께 쓰임을 받는 사람 • 148
유능한 지도자가 되려면 • 155
말씀으로 오시는 예수님 • 164
크게 사용되는 종 • 171
어떻게(HOW TO) • 180
사랑과 축복 • 185
믿음·소망·사랑 • 193
복음 증거의 목적 • 200
믿음의 분량대로 • 207

1/ 성공적인
삶을 위하여

사랑과 축복

가시적 믿음

 기도를 수치로 표시하면 기도의 힘이 얼마나 큰지 알 수 있습니다. 아인슈타인의 상대성 원리에 의하면 에너지는 질량에 광속도를 곱한 것($E=MC^2$)이라 하였습니다. 이러한 개념 하에서 보면 오늘날 눈에 보이지 않는 모든 에너지는 물질에 광속도, 즉 일 초 동안에 지구를 일곱 바퀴 반 도는 속도의 제곱을 곱한 것입니다.
 우리가 기도하여 얻게 되는 응답도 믿음의 에너지로 이루어진 것입니다. 기도 응답이라는 질량이 생기려면 믿음이라는 에너지가 필요한 것입니다. 그렇기 때문에 우리가 율법적으로나 종교적인 의식으로 예배를 드려서 믿음이라는 에너지를 발생하게 하지 못하면 얻는 것이 아무 것도 없습니다.

그러면 어떻게 하여야 믿음인 에너지를 생성시켜 응답을 받을 수 있을까요? 그러기 위해서는 기도를 해야 합니다. 기도를 하되 반드시 분명한 목표를 설정하여야 합니다. 왜냐하면 구체적이 아닌 것은 수학 공식으로 나타나지 않기 때문입니다. 그러므로 우리가 기도할 때 구체적인 목표를 세워야 숫자상으로 나타나는 에너지를 발생시킬 수 있는 것입니다.

오늘날 목표가 분명하지 못한 막연한 기도를 하고 응답이 없다고 불평하는 사람들이 많이 있습니다. 막연한 기도는 아무리 열심히 하여도 실질적인 기도 응답을 받지 못합니다. 믿음이라는 에너지를 얻으려면 구체적인 목표를 세워야 하는 것입니다.

분명한 목표를 세운 다음에는 목표가 가시적이 되게 하여야 합니다. 왜냐하면 기도하여 발생한 에너지는 목표가 이루어진 모습이 보여야 그 곳에 흘러들어 갈 수 있기 때문입니다. 그러므로 목표가 이루어진 모습을 마음속 깊이 바라볼 수 있도록 가시적이 되어야겠습니다.

우리의 목표가 가시적이 되게 하기 위해서는 목표가 이루어진 모습을 그림 혹은 사진으로 만들어 끊임없이 바라봄으로써 그 모습을 잠재의식까지 끌어 들여야만 합니다. 목표를 수첩에 적거나 표어 같은 것을 써서 붙여놓고 늘 읽는 것도 가시적이 되게 하는 좋은 방법입니다.

어떤 나라에 왕자가 있었는데, 그는 등이 굽은 꼽추였습니다. 신하들은 모두 불구가 아닌 정상적인 사람들이어서 왕자보다 키가 컸습니다. 그렇기 때문에 왕자가 신하들을 만날 때는 그들을 위로 바라보아야만 했습니다. 이것이 왕자에게는 여간 큰 고민이 아니었습니다.

어느 날 왕자는 그 나라에 있는 유명한 조각가를 불러서 자기의 모습을 조각하되 근엄하고 장엄하며 등이 굽지 않고 펴진 모습으로 조각하라고 부탁했습니다. 조각가는 왕자의 말대로 등이 펴진 준엄한 왕자의 모습을 열심히 조각하여 왕자에게 바쳤습니다.

왕자는 그 조각을 숲 속 깊은 곳에 두고 아침, 저녁으로 그 조각 앞에서 조각을 바라보며 다음과 같이 하나님께 기도를 드렸습니다.

"하나님! 꼽추가 된 지금 나의 모습보다 등이 펴지고 위세가 당당한 저 조각의 모습이 하나님께서 원하시는 나의 참 모습이 아닙니까?"

그는 조각을 바라보면서 자신의 모습에다 조각의 모습을 투영시키고 늘 기도를 하였던 것입니다.

그런데 굽었던 왕자의 등이 펴져 이제 왕자는 꼽추가 아니라는 소문이 온 나라에 퍼졌습니다. 그 소문은 돌고 돌아 왕자의 귀에까지 들어오게 되었습니다. 소문을 들은 왕자가 거울 앞에 가서 자기 모습을 비춰 보고 깜짝 놀랐습니다. 거울 속에 나타난 자기의 모습은 꼽추가 아니고 조각의 모습 그대로였기 때문입니다.

그가 조각 앞에서 굽었던 등이 펴진 자기의 모습을 마음속에 분명히, 그리고 끊임없이 기도를 하였기 때문에 하나님의 능력이 그에게 흘러들어가 등이 이미 펴졌던 사실을 그는 미처 모르고 있었던 것입니다.

목표가 가시적이 되게 하는 것은 참으로 중요합니다. 병자가 자기 마음속에서 병이 나은 자신의 모습을 그리지 않고 병들어 있는 현실을 그대로 바라보면, 그가 아무리 병 낫기를 기도해도 기도로 생긴 에너지의 효과가 발생할 수 없습니다. 성공하고 싶은 사람은 이미 성공한 모습을, 집을 사고 싶은 사람은 집을 소유한 모습을 마음속에 그릴 수 있어야 합니다.

오늘날 범죄가 사회에 만연하는 데에는 텔레비전의 영향이 큽니다. 미국에서 일어났던 일입니다. 한 청년이 권총으로 일가족을 쏴 죽였습니다. 그 청년은 곧 체포되고 재판이 시작되었습니다. 판사가 범인에게 일가족을 몰살한 원인을 물었더니 그는 그날 밤 텔레비전을 시청하다가 사람을 파리 목숨처럼 죽이는 것을 보고 자기도 모르게 권총을 들고 밖으로 뛰쳐나가 그 가족들에게 방아쇠를 당겼다고 합니다.

그러면서 범인은 사건이 텔레비전 시청으로 인한 충동에 의해 우발적으로 발생한 것이고 고의적이 아니기 때문에 죄가 자기에게 있는 것이 아니라 그러한 프로를 제작하여 방영한 방송국에게 있다고 주장하였습니다. 미국의 각 신문과 텔레비전 방송은 이 사건을 대대적으로 보도하였습니다.

사람이 집중적으로 바라보는 것에는 에너지가 발생합니다. 이 에너지가 강해지면 질량이 생성됩니다. 에너지가 강하지 않아 결국 질량으로는 나타나지 않는 생각은 참으로 많습니다. 그러나 감수성이 빠른 어린 아이들의 경우, 그들은 액면 그대로 받아들여 믿기 때문에 강한 에너지를 발생시켜 질량이 생겨나게 되는 것입니다.

우리 한국에서도 오래 전에 「육백만불의 사나이」라는 텔레비전 프로를 시청한 어린이가 그것을 모방하여 높은 곳에서 뛰어 내리다가 다리가 부러진 사건이 일어난 것은 그 좋은 예라 하겠습니다.

바라봄에는 이 같은 큰 힘을 가지고 있습니다. 그러므로 성공하기를 원하는 사람은 그들보다 앞서서 성공한 사람들의 초상화나 사진을 붙여 놓고 그것을 바라보면서 마음속에 성공한 자기의 모습을 뚜렷하게 부각시켜야 합니다.

목표가 가시적이 되었으면 이제는 기도를 해야 합니다. 사람들은 이 순서를 거꾸로 하고 있습니다. 먼저 기도를 하고 하나님께서 꿈이나 환상을 보여 주시기를 원하고, 그 다음 목표를 설정하려고 하는데 이렇게 해서는 얻는 것이 없습니다.

구체적인 목표와 가시적인 터전 위에 선 기도는 성령

과 더불어 놀라운 믿음의 에너지를 발생합니다. 에너지만 발생시키면 에너지는 자동으로 물질로 변화되는 것입니다. 이것은 단순한 기도의 법칙에 불과한 것이 아니라 과학적으로 증명된 방법입니다. 그렇기 때문에 우리의 기도는 수학적으로, 물리적으로, 과학적으로 증명할 수 있는 것입니다.

우리가 무작정 힘쓰고 애쓴다고 하여 기도 응답을 받는 것이 아닙니다. 우리 속에 계신 하나님은 무궁한 에너지의 근원입니다. 우리는 우리 속에 계신 하나님과 더불어 믿음을 발생시켜야 합니다. 하나님께서 "네 믿은 대로 될지어다."라고 말씀하셨습니다. 하나님께서 하나님 믿음대로 된다고는 하시지 않았습니다. 우리가 먼저 믿음을 발생시켜야 그 위에 하나님의 믿음이 더하여져 기적이 일어나는 것입니다.

그러기 위해서는 기도가 있어야 합니다. 중언부언하는 기도가 아닌 분명한 목표와 가시적인 것 위에 힘써 기도할 때 하나님의 놀라운 역사가 생애 속에 나타나게 될 것입니다.

창조적으로 생각하고 꿈꾸는 법

예수께서 이르시되 할 수 있거든이 무슨 말이냐 믿는 자에게는 능히 하지 못할 일이 없느니라 하시니 (막 9:23)

하나님께서는 성령을 우리 마음에 주셨다고 했습니다. 그러므로 성령님은 언제나 우리의 마음을 통하여 활동하시고 외부로 나타나시며, 성령 충만의 역사도 우리 마음 속 생각을 통해서 일어납니다. 몸에 진동이 온다든지, 불로써 뜨거워진다든가, 어떤 체험을 갖는다는 것은 성령 충만의 부수적인 열매에 불과하며 성령 충만 자체는 아닙니다.

마음속 생각이 완전하게 예수 그리스도로 사로 잡힌 바 되고, 시와 찬미와 신령한 노래로 화답하며 주님께 감사하는 마음이 생활 전체에 꽉 들어찰 때 참 성령 충만에 이르렀다고 할 수 있습니다.

성령이 우리 마음속 생각에 주어졌다는 것을 알게 되면 그 다음에는 하나님 앞에서 창조적인 마음의 자세를 가져야 합니다. 하나님께서는 우리 마음속의 창조적인 생각과 꿈을 통하지 않고는 역사하실 수 없습니다. 그러므로 창조적으로 생각하고 꿈꾸는 법을 말씀해 드리겠습니다.

창조적인 꿈과 환상을 우리 마음속에 심기 위한 전제조건으로는 "할 수 있다(I can do it.)"고 선포하는 것입니다. 예수님께서는 "할 수 있거든이 무슨 말이냐 믿는 자에게는 능히 하지 못할 일이 없느니라"(막 9:23)고 하셨기 때문에 어떠한 조건을 제시하면서 "할 수 없다."고 생각하게 되면 벌써 그 사람은 인간적인 차원으로 낮아지게 됩니다.

할 수 없다고 단정을 내리면 그때부터 할 수 없는 조건들이 속속 생겨나와 더 이상의 성장은 중지될 뿐더러 이제는 후퇴하기 시작합니다. 그러나 할 수 있다는 조건을 붙여놓고 나면 그 믿음이 우리에게 창조적인 성령의 능력을 풀어 놓으므로 그때부터 가능성에 대한 아이디어가 개발되고, 아이디어가 넘쳐나고, 할 수 있다는 것에 대한 이유와 조건들이 생겨나 성장이 촉진되는 것입니다.

불가능을 주장하는 사람과는 새로운 일을 할 수 없습니다. 어려운 일이라도 해결을 모색하는 태도를 먼저 갖는 사람의 생각을 성령님께서는 사용하십니다. 무슨 일이든지 해결책은 있습니다. "우리 한번 그 방도를 알아봅시다."라고 하는 생각 위에 성령께서 아이디어를 주십니다.

그러면 창조적인 생각과 꿈을 바탕으로 하여 '할 수 있다.'는 생각을 가지고 일을 시작할 때 먼저 우리가 가져야 할 자세를 말씀드리겠습니다.

첫째, 전통적인 사고방식을 탈피해야 합니다. 완전이란 인간에게 존재하지 않습니다. 다만 언제나 새로워져야 합니다. 전통적인 생각에 얽매이지 말고 혁명적인 사고를 해야 합니다. 전통만 너무 주장하다 보면 정체되고 침체됩니다. 전통과 의식만 주장하다 보면 제 자리에서 안주하는 것으로 만족하게 되고 발전하는 것을 중지하게 됩니다. 혁명적인 아이디어로써 구태의연에서 탈피해야 합니다.

둘째로, 언제나 새로운 아이디어를 마음속에 수용해야 합니다. 누구든지 새로운 아이디어를 내어 놓거든 그 아이디어의 실용성 여부를 따지기 전에 경청하는 태도를 갖는 사람은 창조적인 생각과 꿈을 꾸는 사람입니다.

셋째로, 용감하게 시도해 보는 자세를 가져야 합니다. 시도해 보기도 전에 미리부터 불가능하다고 물러서는 자세는 창조와 발전을 기대할 수 없습니다.

넷째로, 끊임없이 전진적인 사고방식을 갖는 태도입니다. 끊임없이 개발시키고, 발전시키는 전진적인 사고방식으로 정치, 경제, 교육, 문화 사업들의 경쟁적인 세계에서 앞서는 사람이 되어야 합니다.

이와 같이 끊임없이 아이디어를 개발하기 위해서는 브레인 스톰(Brain Storm)이 필요합니다. 성령님은 어떠한 사람의 생각을 통해서도 아이디어를 주십니다. 모든 아이디어는 검토할 가치가 있습니다. 검토해 보고 실용성이 없는 아이디어는 버리고 실용성이 있는 것만 테이크

업(Take up-채택)해야 됩니다.

시도해보고 되지 않으면 원상 복구하면 됩니다. 해보지도 않고 안 된다고 한다면 절대로 일을 할 수 없습니다.

우리가 성령님과 똑같은 창조적인 태도를 취하지 아니한다면 마음의 생각 속에 주어진 성령의 역사는 우리를 통하여 흘러 나갈 수가 없습니다. 성령님은 끊임없이 전진적입니다. 성령님은 새로운 아이디어를 개발하고 더욱 더 나은 방향으로 전진하십니다.

내일은 오늘보다, 다음 달은 금번 달보다, 명년은 금년보다 나아지는 방향으로 성령님은 우리를 이끌어 가십니다. 이러므로 할 수 없다는 말을 하지 마십시오. 잘 안 되는 것은 잘 될 수 있는 방법으로 유도해야 합니다. 안 된다고 단념해 버린다는 것은 성령님의 흘러감에 역행하는 행위입니다.

어떠한 경우에도 Possibility thinking(가능성)을 가지고 전통적인 안일주의에서 탈피하여 새로운 아이디어를 수용하고 끊임없이 새로운 시험을 시도해 봅시다. 주님 오실 때까지 우리는 생각을 점점 새롭게 하고 개발하며 발전시켜 나가야 할 것입니다.

삶의 태도

나의 의인은 믿음으로 말미암아 살리라 또한 뒤로 물러가면
내 마음이 그를 기뻐하지 아니하리라 하셨느니라(히 10:38)

  하나님을 따르는 사람들의 삶의 태도에 대해 하나님께서는 지대한 관심을 가지고 계십니다. 사람들은 하나님 앞에서 완전해지려고 하지만 단시일에 그렇게 될 수는 없습니다. 그러므로 하나님께서는 사람들을 완성 단계에 나아가도록 끊임없이 격려해 주십니다. 그러나 삶의 태도에 관해서 때때로 격렬하게 시험해 보십니다.

주님께서 모세를 통해 이스라엘 백성들을 가나안 복지에 들이려고 할 때 곧바로 들어가게 할 수도 있었습니다. 그럼에도 불구하고 열두 정탐꾼을 보내게 함으로써 이스라엘 백성들의 삶에 대한 태도를 점검해 보셨습니다. 가나안 땅의 높은 산, 깊은 계곡, 견고한 성, 체구가 큰 그곳 주민들을 보게 한 뒤 삶의 태도가 긍정적인가, 부정적인가를 보셨습니다.

하나님께서는 우리들의 삶에 대한 우리의 태도를 우리가 생각하는 것보다 훨씬 중요시합니다. 열두 사람의 정탐꾼 중 열 사람은 부정적인 반응을 보였고, 두 사람은 긍정적인 반응을 보였습니다. 그 결과 부정적인 열 사람과 그들을 따르는 이스라엘 백성들은 가나안 복지에 들어가지 못하고 죽었으며, 긍정적이었던 사람들만 들어갈 수 있었습니다.

하나님께서 여리고 성을 무너뜨리게 하실 때도 단번에 무너뜨리게 하실 수 있었습니다. 그러나 두 사람의 정탐꾼을 보내어 그들의 태도를 살펴보셨습니다. 그들이 긍정적인 태도를 취하자 이번에는 이스라엘 백성들에게 엿새 동안 여리고 성을 하루에 한 바퀴씩 돌게 하고 이레가 되는 날에 일곱 바퀴 돌라고 말씀하셨습니다. 하나님께서 이스라엘 백성들로 하여금 성을 돌게 하신 이유는 성을 도는 시련을 통하여 긍정적인 태도를 취하는지, 부정적인 태도를 취하는지를 보시고자 함이었습니다.

하나님께서는 오늘날 우리들에게도 응답을 주시기 전에 삶에 대한 우리의 태도가 긍정적인가, 부정적인가를 반드시 시험해 보십니다. 이때 우리가 긍정적인 자세를 취하면 축복의 반열에 서나, 부정적인 자세를 취하면 그렇지 못합니다. 그런데 삶에 대한 자세는 세 가지로 나뉘어집니다.

첫째로, 제자리걸음을 하는 사람이 있습니다. 베드로, 요한, 야고보가 예수님과 함께 변화 산에 올라갔다가 예수님이 모세와 엘리야와 더불어 말씀하시는 것을 보게 되었습니다. 영광스러운 장면을 목격한 베드로는 "주여 우리가 여기 있는 것이 좋사오니 만일 주께서 원하시면 내가 여기서 초막 셋을 짓되 하나는 주님을 위하여, 하나는 모세를 위하여, 하나는 엘리야를 위하여 하리이다"(마 17:4)라고 말하였습니다.

사람들은 자기의 환경이 조금만 좋으면 그 자리에서

움직이려 하지 않습니다. 하나님께서는 제자리에 머물러 있는 사람을 좋아하시지 않습니다. 그렇기 때문에 베드로가 "여기가 좋사오니 초막을 짓겠습니다."라고 할 때 주께서는 산 아래로 내려가자고 하시면서 제자들을 데리고 산 밑으로 내려갔습니다. 제자리에 그대로 머물러 있으면 하나님과 동행하지 못합니다.

둘째로, 뒷걸음질하는 사람이 있습니다. 가나안 땅을 정탐하고 돌아온 정탐꾼 중의 열 명으로부터 가나안 땅 주민이 강하고 성읍이 견고하다는 보고를 들은 이스라엘 백성들은 "우리가 죽게 되었으니 애굽으로 돌아가자."라고 하였습니다. 이들은 현실적인 삶에서 위축되어 뒤로 후퇴하는 삶을 사는 사람들입니다. 하나님께서는 이와 같은 사람들을 대단히 싫어하십니다.

"나의 의인은 믿음으로 말미암아 살리라 또한 뒤로 물러가면 내 마음이 그를 기뻐하지 아니하리라"(히 10:38).

뒤로 물러가는 태도는 좋지 않습니다.

셋째로, 푯대를 향하여 전진하는 사람이 있습니다. 하나님께서는 우리들이 내일은 오늘보다, 다음 달은 금번 달보다, 명년은 금년보다 더 나아지리라 기대하고 앞을 향해서 나아가는 삶의 자세를 가지는 것을 기뻐하십니다.

그러므로 복음 사업에는 제자리에 앉아 있어서는 안 될 뿐더러 후퇴란 생각조차 해서도 안 되며, 오직 전진적인 계획만 있어야 합니다. 더구나 위축되는 계획을 세운다는 것은 하늘나라에 합당하지 않습니다.

우주는 지금도 끊임없이 팽창하고 있다고 어떤 우주 과학자가 말했습니다. 하나님께서는 지금도 우주를 넓혀 가고 있습니다. 그러므로 소(小)우주인 인간도 죽는 순간까지 가치 있는 삶을 영위하기 위하여 부단히 노력을 경주하므로 발전을 도모해야 합니다. 발전을 향해 나아갈 때 가치 있는 삶이 되는 것입니다.

동물 세계에서도 봄철이 되어 교미(交尾)기간이 되면 수컷들 사이에 격렬한 각축전(角逐戰)이 벌어집니다. 늙고 쇠한 수컷은 자연적으로 힘세고 날랜 젊은 수컷에게 밀려나고, 오직 승리하는 수컷만이 새끼를 가질 수 있습니다.

사람도 이와 마찬가지어서 뒤로 물러나는 사람이나 정체형(停滯型)의 사람은 파멸하게 되고, 앞으로 나가는 자만이 잘 살 수 있습니다.

2차 대전의 원흉인 독일과 일본을 보십시오. 이들은 전쟁을 도발한 나라지만 삶의 자세가 전진형이므로 하나님께서 그들의 죄는 미워하시지만, 악인에게나 선인에게나 공평하게 햇빛과 비를 주시는 하나님이시기 때문에 그들을 축복해 주시지 않을 수 없는 것입니다. 그래서 종전(終戰) 시에 초토화되었던 두 나라가 오늘날에 와서는 열강의 대열에 설 수 있었던 것입니다.

일본 사람들의 말은 전진형입니다. 사람의 언어 신경은 모든 신경을 지배합니다. 그러므로 말이 전진형이면 존재도 전진형이 됩니다. 일본 사람들이 잘 사는 이유가 바로 여기에 있는 것입니다. 우리나라 사람들의 일상 용어에는 정체형, 후퇴형이 많기 때문에 삶의 태도가 부정적이 되고 그 결과 하나님의 축복도 받지 못하는 것입니다.

이러므로 우리 민족은 예수 그리스도를 통하여 거듭나서 언어에 대한 혁신을 가져와야 되겠습니다. "옛날에는 잘살았다."라고 지난 이야기나 하고, "못살겠다, 죽겠다."는 말을 할 것이 아니라 적극적이고 창조적이고 진취적이고 긍정적인 말을 해야겠습니다. 성경에 "말세에 내가 내 영을 모든 육체에 부어 주리니 너희의 자녀들은 예언할 것이요 너희의 젊은이들은 환상을 보고 너희의 늙은이들은 꿈을 꾸리라"(행 2:17)고 기록하고 있습니다. 예수님을 모시고 있는 사람은 꿈과 환상을 가지고 있습니다. 꿈과 환상은 미래형입니다. 그렇기 때문에 꿈과 환상을 지닌 사람은 어떠한 역경에 부딪치더라도 승리할 수 있습니다. 이러므로 우리들의 말부터 전진형이 되어야겠습니다. 그리고 전진형의 생각을 해야겠습니다.

성경을 기록한 사람 중에 후퇴형의 사람이 있습니다. 그 사람은 전도서를 기록한 솔로몬입니다. 솔로몬의 전도서에서 "헛되고 헛되며 헛되고 헛되니 모든 것이 헛되도다 해 아래서 수고하는 모든 수고가 사람에게 무엇이 유익한가"(전 1:2-3)라고 기록하였습니다. 모든 것이 헛되다고 말한 솔로몬은 이 세상의 삶이 전부인 양 700여 명의 첩을 두었고, 첩 가운데는 이방 여인들도 있어서 그들의 신상(神像)을 만들어 주고 자신도 우상을 섬기다가 죽었습니다. 하나님께서는 타락한 솔로몬에 노하셔서 솔로몬 왕국을 이스라엘과 유다로 나누어 버렸던 것입니다. 성경에 기록된 말씀은 다 전진형인데 그 중에 후퇴형을 기록한 솔로몬은 비참한 죽음을 맞았을 뿐만 아니라 나라도 둘로 나누어지게 되는 비극을 초래하였습니다. 그러므로 우리들은 어떠한 일이 있더라도 부정적인 삶의 태도를 취하지 말아야겠습니다.

하나님께서는 우리의 인격을 그리 중요시하지 않습니다. 원래 완전한 사람이 없고 점차 나아지기 때문에 삶의 자세가 올바른 사람이라면 주님은 끝까지 버리지 않고 사용하시나 그렇지 못할 때는 버림을 받습니다.

베드로와 유다는 똑같이 예수님을 배반하였습니다. 사실 베드로는 가룟 유다보다 더 심하게 예수님을 배반했습니다. 그럼에도 불구하고 베드로는 용서를 받고 가룟 유다는 용서를 받지 못했습니다. 그 이유가 어디 있을까요? 베드로는 예수님을 배반했지만 땅을 치며 울고 회개했습니다. 그는 전진형이었습니다. 그러나 가룟 유다는 달랐습니다. 그도 회개를 했더라면 용서를 받았을 테지만 용서를 구하기보다는 목매어 죽고 말았습니다. 후퇴형인 그는 구원을 못 받은 것입니다.

사울도 죄를 짓고, 다윗도 죄를 지었습니다. 죄의 비중을 따지자면 사울보다 다윗의 죄가 훨씬 무거웠습니다. 사울은 하나님의 말씀을 거역한 죄를 지었지만, 다윗은 살인죄에 간음죄까지 지었던 것입니다. 그런데 사울은 사무엘이 그의 잘못을 지적했을 때 변명을 하며 자기 타당화를 꾀하였습니다. 전진형이 아니라 제자리 걸음을 하였던 사울은 버림을 받았습니다. 그러나 다윗은 비록 사울보다 무거운 죄를 지었으나 나단이 그를 찾아와 비난할 때 자리에서 내려와 베옷을 입고 눈물로 요를 적시며 회개하여 구원을 받았습니다.

하나님께서는 전진형은 사용하시나 정체형이나 후퇴형은 도태시키십니다. 그러므로 우리는 전진형이 되어 도태되지 않는 사람이 되어야겠습니다.

성공의 첩경(捷徑)

　서양 사람들이 동양 사람들보다 모든 면에서 뛰어난 창조적인 삶을 살게 된 이유는 그들의 생활 기반이 믿음의 토대 위에 섰기 때문입니다.

　동양 종교는 믿음을 기초로 하지 않고 인생철학에 바탕을 두고 있습니다. 그렇기 때문에 사람들을 창조적이고 생산적이며 건설적인 방향으로 인도하지 못하고 있습니다. 그러나 기독교에서는 영혼 구원이 믿음으로, 성령 충만도 믿음으로, 하나님의 축복과 은총도 순종과 믿음으로 받습니다. 그래서 기독교가 서양에 들어가자 사람들의 사고방식의 토대 위에다 신념을 심어 주었습니다.

"할 수 있거든이 무슨 말이냐 믿는 자에게는 능히 하지 못할 일이 없느니라"(막 9:23).

그러므로 서구의 문명은 도전적이고 진취적이었습니다. 그들은 세계 일주를 하고 신대륙을 발견하며 자동차, 비행기 등 오늘날 인류가 누리고 있는 문명의 이기(利器)들을 발명하였습니다. 이로 미루어 볼 때 인간 생활을 성공적으로 만드는 가장 기본적인 능력은 신념의 바탕 위에서 생성된다는 것을 알 수 있습니다.

한국에 학교와 병원이 세워지고 고아원, 양로원이 생기게 된 것도 기독교가 들어온 이후 신앙인들의 믿음으로 말미암은 창조적인 모험의 결과입니다. 이러므로 성경은 "믿음이 없이는 하나님을 기쁘시게 하지 못하나니"(히 11:6), "믿는 자에게는 능히 하지 못할 일이 없느니라"(막 9:23)고 말씀하고 계십니다.

우리가 성공적인 삶을 살려면 영적인 신앙생활이나 육신적인 현실 생활에서 "할 수 있다."고 굳게 믿어야 합니다. 많은 사람들은 wishful thinking, 즉 소원을 믿음인 줄로 잘못 알고 있습니다.

'나도 부자가 되어 보았으면.'

'나도 성공해 보았으면.'

'나도 한번 모든 사람들 앞에서 하나님의 사업을 영광스럽게 해보았으면.'

그러나 이 '보았으면'은 소원일 뿐 믿음은 아닙니다.

"내게 능력 주시는 자 안에서 내가 모든 것을 할 수 있느니라"(빌 4:13).

"나는 할 수 있다(I can do it)." 이것은 믿음의 고백입니다. "내가 할 수 있다."고 생각하면 할 수 있는 방법이 나옵니다. 그러나 "할 수 없다."라고 생각하면 전체는 할 수 없는 방향으로 흘러가고 맙니다. 빌립은 "할 수 없다."고 생각했기 때문에 아무런 방법이 떠오르지 않았습니다. 그러나 안드레는 "할 수 있다."고 생각했기 때문에 오병이어를 거두어 들일 수 있는 방법이 생겨났던 것입니다.

목회도 마찬가지입니다. 우리가 큰 교회를 세우고 획기적인 목회를 할 수 있다고 생각하면 그 방법이 나옵니다. 그렇게 할 만한 역량과 실력이 없다고 생각하면 할 수 있는 방법은 전혀 나오지 않습니다.

인간은 4차원의 세계에 속한 영을 가지고 있습니다. 이 영이 '할 수 있다.'고 말할 때 잠재의식 속에서는 할 수 있는 여러 가지 영감과 계시의 방법이 넘쳐 나오고 또 성령도 그와 함께 하십니다. 그러나 '할 수 없다.'고 할 때는 자주적으로 영의 세계는 전체 능력을 다 닫아버리고 결국은 할 수 없는 존재로 전락해 버리고 마는 것입니다.

이러므로 성공적인 삶을 살려면 첫째로, "성공을 생각(Think Success)"해야 합니다. 어려운 환경에 처하더라고 "나는 성공한다."고 말하고 생각하면 성공을 거두게 되나 "실패할지도 모른다."라고 생각하면 실패하고 맙니다. 실패를 생각하고 성공한 사람은 한 사람도 없습니다.

그런데 우리가 언제나 성공한다고 생각하는데도 불구하고 실패할 때가 있습니다. 그럴 때에는 어떻게 해야 할까요?

인생에 있어서 수업료를 내지 않고 공부하려는 사람은 어리석은 사람입니다. 사실 초등학교에서부터 대학원까지 다니는 동안 내야 하는 수업료는 싼 편입니다. 사회에 나와서, 사회학교에서는 아주 비싼 수업료를 지불해야 합니다. 몇 억 원을 들여 시작한 사업이 망하게 되면 몇 억 원을 모두 날렸다고 생각하기 쉽습니다. 그러나 그것은 성공을 위해서 사회학교의 비싼 수업료를 지불한 것일 뿐입니다.

사업에서, 목회에서, 어떤 경우엔 국회의원 선거에서 지불해야 하는 실패의 수업료를 두려워하게 되면 성공이라는 학문을 얻지 못합니다. 실패의 쓰디쓴 잔은 괴롭지만 그 잔은 성공을 위한 수업료이므로 그 실패를 부정적으로 받아들이지 말고 긍정적인 자세로 맞아들이십시오. 큰 성공을 거두기 위해서는 큰 실패의 수업료를 내야 하는 것입니다.

실패조차도 성공을 위한 수업료일진대 실패는 바로 동등한 성공이라고 생각하십시오. 그러므로 결정적인 성공 이외에는 생각하지 마십시오. 성공을 생각하고, 성공을 말하고, 성공을 꿈꾸며, 성공과 더불어 먹고 마시며 자야 합니다. "나는 실패할지 모른다.", "실패할 것이다."라고 생각하며 주저하게 되면 창조적인 힘은 나오지 않습니다.

둘째로, 성공하기 위해서는 "크게 생각(Think Big)"해야 합니다. 빌어먹는 거지가 조그만 그릇을 가지고 다니면 그릇에 가득히 음식을 얻었다 할지라도 얻은 것은 조금밖에 되지 않습니다. 그러나 커다란 그릇을 가지고 다니면 그 그릇을 보고 사람들이 많이 줌으로 그릇에 가득 차지 않았다 할지라도 작은 그릇을 가지고 다닐 때보다 훨씬 많이 얻게 됩니다. 이러므로 우리는 목표나 기대를 크게 가져야 합니다.

"네 입을 크게 열라 내가 채우리라"(시 81:10).

나는 지금까지 50년의 목회생활을 통해서 언제나 목표를 크게 가졌습니다. 하나님께 크게 기대했습니다. 목표와 기대를 크게 하니까 자연히 남보다 기도를 많이 하게 되고 공부도, 노력도 많이 하게 될뿐더러 두둑한 배짱을 가지고 믿게 되었습니다.

천만 원을 벌겠다는 목표를 세운 사람은 노력하고 애쓰면 아무리 못 벌어도 백만 원은 벌 것입니다. 그러나 백만 원을 벌겠다고 작정하면 그땐 만 원밖에 벌지 못합니다. 사실 큰 목표를 세웠거나 작은 목표를 세웠거나 간에 애쓰고 힘쓰며 노력하는 것은 별 차이가 없습니다. 그럴 바에야 목표를 크게 하여 얻는 것이 많아야 하지 않겠습니까? 그렇다고 하여 터무니없이 큰 목표를 세우라는 것은 아닙니다. 나 자신이 할 수 있는 한도 내에서 크게 생각하라는 것입니다.

조그마한 일로 싸우면 소인이 되고 맙니다. 오른 뺨을 치면 왼 편 뺨을 돌려대고, 겉옷을 달라고 하면 속옷을 주며, 오 리를 가자면 십 리를 동행할지라도 사소한 싸움을 피하십시오. 논쟁도 마찬가지입니다. 논쟁에서 이긴다 해도 내게 큰 이익이 없다면 그만 두십시오. 이겨 보았자 당시 약간 기분만 좋을 뿐으로 이를 위해 신경을 쓴다는 것은 낭비에 불과합니다. 그러나 논쟁에 이겨서 내게 큰 이익이 된다면 그 때는 최선을 다해야 합니다. 크게 생각하는 자세와 태도가 우리에게 필요합니다.

셋째로, 성공하려면 "성공을 봐야(See Success)"합니다. 성공하려는 사람은 그 마음의 이미지 속에 성공한 자신의 모습을 늘 바라보지 않으면 안 됩니다.

이것이 바라봄의 법칙입니다. 아브라함이 별들을 통해서 그 아들 이삭을 바라보았듯이, 야곱이 얼룩덜룩한 가지를 통해서 양 떼를 바라보듯이, 아브라함이 동서남북을 바라보고 가나안 땅을 상속으로 얻은 것같이 성공하려는 사람은 자나 깨나 성공을 바라보아야 합니다. 아침 저녁으로 눈을 감고 자기의 성공한 모습을 바라보아야 합니다. 내 마음의 화판 위에 성공한 모습이 환히 비취도록 바라보십시오.

믿는 자나 믿지 않는 자나 영력을 개발하려면 바라봄의 법칙을 써야 합니다. 그러므로 성공적인 사람은 옷도 성공적으로 입습니다. 그렇다고 화려하게 입는다는 것은 아닙니다. 성공한 사람의 모습으로 깨끗이 입습니다. 걸음걸이도, 말하는 것도, 태도도 온통 성공자의 자세로써 자신을 가득하게 하십시오. 예수님께서도 그것을 강력하게 가르쳤습니다.

"너희는 택하신 족속이요 왕같은 제사장들이요 거룩한 나라요 그의 소유가 된 백성이니"(벧전 2:9).

부자는 늘 돈이 많이 있는 모습을, 사업에 성공한 사람은 사업이 번영해가는 모습을, 성공적인 목회자는 목회가 날로 번창하는 모습을, 사람들로부터 존경을 받는 사람은 자기가 존경을 받는 모습을 분명히 바라본 사람들입니다. 성공을 바라보지 않은 사람에게 성공은 오지 않습니다. "…… 보이는 것은 나타난 것으로 말미암아 된 것이 아니니라"(히 11:3).

육신의 눈으로는 보이지 않는 성공의 청사진을 마음속에 간직하고 있어야 합니다.

넷째로, 성공을 하려면 "성공의 차원으로 기도해야(Pray in Success)"합니다. 하나님은 성공이십니다. 실패하신 적이 없습니다. 하나님은 부자이십니다. 가난했던 적이 없으십니다. 하나님은 빛이십니다. 어둠 속에 거하신 적이 없으십니다. 하나님은 건강이십니다. 병든 적이 없으십니다. 하나님은 생명이십니다. 죽은 적이 없으십니다.

이러므로 하나님과의 대화인 기도를 할 때 언제나 성공적인 기도를 해야 합니다. "어찌해야 좋을지 알 수 없습니다."라는 탄식과 논란의 기도가 아닌 "주께서 함께 계시므로 내게 기적이 일어납니다."라는 성공적인 기도를 해야 합니다.

왜냐하면 영의 세계는 4차원의 세계이고, 4차원의 세계는 창조적인 세계이므로 성공적인 언어로써 기도를 해야 성령님께서 감동을 받으시기 때문입니다. 2차원의 세계는 1차원의 세계를 포용하고, 3차원의 세계는 2차원의 세계를 지배합니다.

"땅이 혼돈하고 공허하며 흑암이 깊음 위에 있고 하나님의 영은 수면 위에 운행하시니라 하나님이 이르시되 빛이 있으라 하시니 빛이 있었고"(창 1:2-3).

성령이 수면을 품어 3차원의 물질 세계를 창조했기 때문에 성령의 세계는 4차원의 세계입니다. 우리 인간들은 육체와 혼과 영의 4차원의 세계에 속하여 있습니다. 그러므로 우리는 4차원적인 창조적 기도를 하지 않으면 안 됩니다. 땅이 혼돈하고 공허하며 흑암이 깊음 위에 있고 성령이 수면을 품은 것 같이 기도는 성령과 함께 품는 것입니다.

여러분이 "하나님이여 이 병자를 불쌍히 보시옵소서.", "성령님, 품어 주시옵소서."라고 기도하면 여러분의 영이 성령과 더불어 환자를 품게 되어 병이 낫게 됩니다. "예수님의 생명의 빛이 성령을 통하여 아픈 곳에 나타나게 하옵소서." 할 때 치료의 빛이 나타나는 것입니다.

기도는 창조적인 성공을 비는 것입니다. 애걸복걸이 아닙니다. 4차원의 세계와 연결하여 현실의 공허와 혼돈을 품은 후 빛을 공급하는 것입니다. 기도는 품에 품는 과정입니다.

여러분들은 맡은 일에 성공을 해야 하며 앞으로 발전하면서도 계속 성공해야 합니다. 성공할 때만이 행복은 다가옵니다. 성공하는 사람은 힘겹게 일해도 고달픈 줄 모르며 밤새워 일을 해도 피곤한 줄 모릅니다. 성공할 때 자신이 생기고, 사람들로부터 존경을 받고, 삶이 윤택해지며 앞날의 더 큰 희망도 가질 수 있습니다.

그러하기 위해서는 먼저 성공을 생각하고(Think Success), 둘째, 크게 생각하고(Think Big), 셋째, 성공을 마음속에 그리고(See Success), 마지막으로, 성공 속에서 기도(Pray in Success) 해야 할 것입니다.

창조적인 사람

　세상을 살아가는 동안에 사람들이 사용하는 마음의 분량은 인간 의식 중 겨우 십분의 일에 불과합니다. 이렇게 조금밖에 사용하지 않는 의식을 우리는 현재의식이라고 부릅니다. 그런데 이 현재의식은 사무적인 일만 처리할 뿐 창조적이고 생산적인 깊은 일에는 관여하지 못합니다.
　그러나 우리가 의식적으로 사용할 수 없는 것으로써 잠재의식이라는 것이 있습니다. 이 의식은 밖으로 나타나지 않고 내면에 숨어 있으며 성경에서는 이것을 영, 속사람, 영에 속한 사람이라고 말하고 있습니다. 이 영에 속한 잠재의식은 전체 의식의 십분의 구를 차지하고 있으며 창조와 생산을 이 의식이 담당하고 있습니다.

그러므로 우리는 이 의식을 개발하지 않고는 창조와 생산의 주체되신 성령과 동행하거나 교제할 수가 없습니다. 특히 하나님의 말씀을 증거하는 주의 종들은 사무적인 일만 처리하는 사람이 아니고, 인간을 살리는 일을 담당하기 때문에 잠재의식의 개발에 대하여 관심을 가져야 합니다.

그러면 어떻게 하면 우리 마음속에 숨어있는 이 잠재의식을 개발할 수 있을까요? 이것은 오직 꿈과 환상을 가지고 숨어 있는 영을 불러냄으로 가능한 것입니다. 영의 세계는 꿈과 환상을 통하여 교제가 이루어집니다. 그러므로 하나님께서는 젊은이에게 환상을, 늙은이에게는 꿈을 주겠다고 하셨습니다.

우리는 먼저 성령의 역사 가운데서 각각 맡은 일에 대한 뚜렷한 목표를 세우고 꿈과 환상으로 그 이루어진 모습을 바라보아야 합니다. 그리고 마음 깊은 곳에 우리의 생각을 두고 끊임없이 기도하고 찬양하며 감사할 때 비로소 우리는 창조적인 일을 해낼 수 있는 것입니다.

근자에 현대 심리학은 현대 과학을 이용하여 놀라운 것을 발견하고 있습니다. 현대 심리학에서 사무적인 마음을 "베타 스테이트 마인드"(beta state mind)라고 말합니다. 이 사무적인 마음의 뇌파 측정치는 일초에 13 사이클에서 40 사이클 사이로서 볼테지(Voltage)가 약하고 사이클(Cycle)은 굉장히 빠릅니다. 이 "베타 마인드"는 순수한 사무적인 일만 하며 창조적인 일이나 치료는 하지 못합니다.

그러나 이 사무적인 마음이 창조적인 마음의 경계선을 넘게 되면 "알파 스테이트 마인드"(Alpha state mind)가 되는데 이를 뇌파 측정해보면 1초 동안에 8사이클에서 14 사이클로 나타납니다. 이는 사무적인 마음보다 사이클이 완만하고 볼테지가 강합니다.

심리학자들은 음악가, 미술가, 발명가와 같은 창조적인 분야에서 일하는 사람들이 창조의 작업을 시도할 때에 "베타 마인드"를 떠나 이 "알파 마인드"에 속한다고 말하고 있습니다.

그 다음 좀 더 창조적인 사람들은 "데타 스테이트 마인드"(Theta state mind)에 속하는데 7사이클에서 5사이클로 더 완만해집니다.

그리고 사람이 깊이 잠들면 뇌파가 4사이클에서 0.5사이클로 늦어집니다. 이것을 "델타 스테이트 마인드"(Delta state mind)라고 말하는데 인간이 가장 깊은 묵시를 받을 수 있는 때입니다.

"이 일을 생각할 때에 주의 사자가 현몽하여 이르되 다윗의 자손 요셉아 네 아내 마리아 데려오기를 무서워하지 말라 그에게 잉태된 자는 성령으로 된 것이라"(마 1;20).

요셉이 깊이 잠들었을 때, 즉 델타 마인드를 통하여 예수 그리스도의 태어나실 것을 계시한 것입니다.

그러므로 우리는 어찌해서든지 긴장, 불안, 초조의 "베타 마인드"를 떠나서 "알파 마인드"로 들어가야 합니다. 지긋이 눈을 감고 꿈과 환상의 세계에서 꿈을 꿉시다. 목회에 성공하는 꿈, 사업에 성공하는 꿈, 교회가 성장하는 모습을 꿈으로 보아야 합니다.

오직 꿈으로 볼때만 우리 마음은 신속하게 "베타 마인드"에서 "알파 마인드"로 전향하게 되며 창조적인 다른 파장이 발생합니다. 이것은 나아가서 사람을 변화시키고 환경을 변화시키게 되는 것입니다.

나는 늘 사람의 마음속에서 믿음의 파장이 나온다고 말하였는데 현대 심리학에서 기계를 가지고 이를 증명하였습니다. 현대 심리학에서도 "베타 마인드"에 살지 말고 '알파 마인드"에서 살아야 한다고 강조하고 있습니다.

하나님을 믿는 우리는 창조적인 사람이 되기 위하여 하나님 앞에서 깊이 기도하고 마음을 느긋하게 낮추며 꿈꾸는 사람이 되어야 합니다. 성령의 파장은 "알파" 파장입니다. 그러므로 "베타" 파장과는 성령이 같이할 수 없습니다.

"알파" 파장을 내어놓지 않은 사람은 마치 팔 없는 사람과 같아서 하나님께서 주시려고 하여도 팔을 내밀 수 없습니다. 이러므로 성령을 받은 다음 방언기도하며 하나님의 은혜 가운데서 내일을 꿈으로 바라볼 수 있는 사람만이 창조할 수 있습니다.

사무적인 심방, 사무적인 기도, 사무적인 업무 처리에는 창조의 열매가 맺히지 않습니다. 꿈을 가지십시오. 목표에 대한 그림을 그려놓고 눈을 감은 후 성취된 꿈을 꾸십시오. 환자를 위해서 기도할 때에도 눈을 감고 그 사람이 낫는 모습을 바라보면 치료의 파장이 나옵니다.

현대 의학에서도 인간의 병 중 95%가 정신에서 온다고 말합니다. 미국의 병원에서는 이러한 방법을 새로운 발견이라고 하여 많이 사용합니다만 우리는 벌써 옛날부터 성경을 통하여 잘 알고 있습니다. 의사들은 눈을 감고 자신이 낫는 모습을 마음속에 자꾸 그려보라고 합니다.

몸이 피곤할 때 한숨 푹 자고 나면 몸이 가뿐한 이유는 자는 동안 치료의 가장 깊은 파장인 0.4에서 0.5의 파장이 나오기 때문입니다. 많이 일하고 복잡한 일에 신경을 쓰는 사람이 휴양을 가는 이유도 근본적으로 이러한 이유에 해당됩니다.

이러므로 목회에 성공한 사람, 사업에 성공한 사람 등 성공자는 모두 꿈꾸는 사람입니다. 지금 이 시간에도 라디오나 텔레비전의 파장이 파도처럼 가득합니다. 물질은 전부 파장입니다. 핵을 중심으로 전자가 물결치는 에너지의 파장입니다.

여러분의 파장은 공포와 절망의 파장입니까? 하나님을 믿고 신념을 가지고 평안한 자세로 꿈과 환상을 그리며 나아갈 때 우리의 맡은 바 사명이 창조적으로 이루어지는 기적이 일어나는 것입니다.

인간됨의 3대 요소

　우리가 사람을 평가할 때 그 기준을 학력이나 지위나 실력에 둘 때가 많습니다. 그런데 동등한 직종에 종사하는 사람들의 실력차를 따져보면 별로 큰 차이는 없습니다.
　그러면 우리가 사람을 평가할 때 그 기준을 어디에다 두어야 할까요?
　첫째로, 가장 중요한 요소는 그 사람에게 비전(vision)이 있나, 없나입니다. 아무리 실력이 있고 학벌이 좋아도 꿈 없이 하루하루를 타성에 젖어서 사는 사람이라면 그는 벌써 인간 평가 기준에서 탈락된 사람입니다.

그런데 이 기준은 다른 사람뿐만 아니라 자기 자신을 판단하는 데에도 적용해야 합니다. 하루의 삶 속에 내일을 향한 꿈이 있는가 없는가를 살펴보아야 합니다. 만일 하루하루가 타성에 의한 것에 불과했다면 여러분은 자신의 생애 속에서 발전을 그친 사람입니다. 이러한 사람은 죽은 것과 마찬가지입니다.

그러나 비전을 가진 사람은 나날이 다르게 발전하며 창조적인 생활을 합니다. 꿈이 있는 사람은 때로는 꿈, 때로는 현실 그 중간 상태에 살면서 끊임없이 창조적인 생활을 합니다. 그런 사람은 항상 꿈속에 살면서도 그 꿈을 현실로 연결시켜 주기 때문에 남이 하지 못하는 일들을 기적적으로 해내곤 합니다.

그러므로 우리가 사람을 알아볼 때 제일 먼저 보아야 할 것은 그 사람의 비전 여부입니다. 구역장을 선택할 때도 꿈이 있는지 없는지를 먼저 알아본 후에 선택해야 합니다. 꿈이 있는 구역장을 세우면 그 구역 전체가 삽니다. 그러나 꿈이 없는 구역장을 세워 놓으면 부흥되던 구역이라도 얼마 못 가서 시들어 버리고 맙니다.

둘째로, 열성(Enthusiasm)이 있어야 합니다. 학식은 없는 것보다 있는 것이 좋지만 학식만 있고 열심이 부족하면 아무리 많은 시간을 들여 얻은 지식이라도 필요가 없습니다.

전쟁을 통해 잿더미만 남은 참혹한 폐허의 독일과 일본이 오늘날의 강대부국이 되기까지는 그 나라 국민들이 부지런하고 열심이 있었습니다. 우리 민족은 그동안 5천 년의 역사를 가졌으면서도 희망이 없었기 때문에 나태했었습니다. 그러나 오늘날 우리 민족은 부지런한 민족이 되었습니다. 그래서 지금은 선진국의 대열에 서 있는 것입니다.

또한 우리 여의도순복음교회를 보십시오. 우리 교회가 이렇게 세계적인 교회로 자란 것은 열심이 있었기 때문입니다. 하나님께서도 가만히 앉아있는 사람에게는 역사하시지 않습니다. 열심히 뛰고 부르짖는 자에게 강력히 역사하십니다.

그런데 이 열심이라는 영어 단어는 Enthusiasm으로서, 헬라 원어의 '인데오스'에서 변화한 말입니다. 여기에서 '인'은 들어간다는 뜻이요, '데오스'는 하나님이란 의미입니다. 그래서 옛날 사람들의 생각에는 열심을 내는 데는 신적인 요소가 들어 있다고 믿었던 것입니다. 말하자면 열심있는 사람은 곧 하나님에 취한 사람이라는 것입니다. 이러한 생각을 해왔던 고대 사람들은 위대한 일을 창조하기 위해서는 이 열성(Enthusiasm)이 있어야 되며, 이 열심히 생겨나면 그 속에서 하나님의 영감이 생성된다고 믿었던 것입니다.

옛날부터 내려오는 이런 전통은 무시할 수가 없습니다. 우리도 열심을 내면 보통 사람과 달라집니다. '신들린' 사람이 됩니다. 그래서 성령받은 사람에게 열심이 없으면 '성령들린' 사람이 아닌 것입니다.

설교를 할 때에도 열심히 하면 영감이 와서 사람들에게 많은 감화를 주지만, 반신반의하여 설교를 하면 영감이 오지 않습니다.

신학교 다닐 때의 일입니다. 토요일이면 꼭 파고다 공원에 나가 전도를 했습니다. 어느 토요일인가 성결교 신학생들도 와서 전도를 했는데, 그때 항상 전도를 방해하던 깡패들이 있었습니다. 우리가 전도를 마치고 돌아서려는데 그 깡패들이 전도하는 성결교 신학생 중에서 가장 열심히 설교하고 있는 학생의 멱살을 잡고 설교를 그

칠 것을 강요하는 것이었습니다.

그러나 그 학생은 비록 멱살은 잡혔지만, 얼굴이 빨갛게 상기된 채로 말씀을 그치지 않고 설교를 계속했습니다. 그러자 지금까지 무관심한 척하던 대중들이 몰려와서 깡패들에게 "왜 선한 사람을 못살게 구느냐."며 호통을 쳐서 그들을 쫓아버리고는 그 학생의 외치는 말씀을 듣겠다고 모여 앉는 것이었습니다. 나는 눈물을 흘리면서 더욱 열심히 말씀을 증거하던 그 신학생의 감격적인 모습을 아직도 기억하고 있습니다.

이와 같이 감흥을 주는 것도 열심이 있어야 됩니다. 냉랭한 이론만으로는 사람에게 감격을 주지 못합니다. 내가 열심히 뛰는 것은 우리 순복음을 세계에 수출하는데 그 목적이 있지만, 또 다른 목적은 국위선양을 위한 길임을 깨달았기 때문입니다. 반만 년의 기나긴 역사를 가졌으면서도 항상 남에게 피해만 당하고 설움만 당한 한국 민족을 복음으로라도 세계 정상 수준에까지 올려놓기 위해서 열심히 뛰는 것입니다.

또 나는 우리 교회에 대해 비판하는 이야기를 가끔 듣습니다. "왜 예배를 경건히 드리지 않고 박수치고 울면서 예배를 드리느냐!"는 것입니다.

그러나 나는 열심히, 정열적으로 드리는 이 순복음식 예배를 통해서 진정한 기쁨을 맛보았으며, 희망을 갖게 되었습니다. 경건하게 예배를 드리지 않는다고 하여 성도 수가 줄어들지는 않습니다. 일 년에 결신하는 성도 수는 어느 교회보다도 많습니다. 그러므로 열심이 있는 사람에게 하나님의 축복은 내려지고, 열심이 있는 곳에 성공은 따르게 마련입니다.

셋째로 신념(Belief)이 있어야 됩니다. 우리가 비전이 있고 열심이 있으면 그 다음에는 이 일을 성공시킨다는 마음의 확신이 있어야 됩니다.

외국어를 공부하는 사람들이 공부를 하다가 중도에서 중단하는 것은 신념이 없기 때문입니다. 외국어는 머리만 좋다고 잘하는 것이 아니라 끈질긴 인내심을 가진 사람이 잘하게 됩니다. 내 경우에도 영어 공부를 할 때 단어 하나를 외우는 데 평균 일곱 번 이상 잊어버렸습니다. 그래도 중단하지 않고 해야 한다는 신념으로 붙들고 나가니까 귀가 열리고 말을 할 수 있게 되었던 것입니다.

예전에 대만에 가서 선교사들이 모두 중국어로 설교하

는 것을 보고 깜짝 놀랐습니다. 그 중에서도 앤드류 목사님 같은 분은 원래 어학에 재질이 없었는데도 불구하고 배우려고 온 심혈을 기울였습니다. 한자 한 글자 외우는 데 하루가 걸렸습니다. 하루에 열 시간씩 일 년을 잡고 몸부림치다 보니 유창하게 중국어로 설교를 할 수 있게 되었다는 것입니다. 이렇게 할 수 있다는 신념만 가지면 어학뿐만 아니라 어떠한 어려운 일일지라도 다 해낼 수가 있습니다.

그러므로 제일 먼저 비전을 가지고, 또 열심을 가지며, 그 위에 신념을 가진다면 아무리 환경이 어렵고 조건은 나쁘다 할지라도 발전적이고 창조적인 인생을 살게 되는 것입니다.

이와 같이 비전과 열심과 신념을 소유한 사람이 되십시오. 그렇게 되면 무(無)에서 시작을 했다고 할지라도 곧바로 유(有)를 창조해낼 것입니다. 학식이 아무리 많아도 그 학문과 학식을 다 사용할 수는 없습니다. 원래 인간에게는 완전이란 없습니다. 그러므로 학식이 좀 부족하더라도 비전과 열심과 신념, 이 세 가지 요소가 구비되어 있는 사람은 얼마든지 가능성이 있습니다.

우리나라를 보십시오. 세계 역사상 찾아볼 수 없을 만큼 빠른 경제 성장을 가져온 것은 바로 비전과 열심과 신념이 있었기 때문입니다. 지하자원이 거의 없으므로 발전하기에 환경조건이 좋지 않음에도 불구하고 지도자와 국민이 혼연일체가 되어 열심히 일하니까 선진국의 대열에 올라선 것입니다.

그러므로 여러분도 이 비전과 열심과 신념을 만들어 내십시오. 그렇게 할 때 하나님의 축복을 받아서 개인은 물론 목회도, 사업도 성공을 거두게 될 것입니다.

다른 사람보다 **뛰어나려면**

　자기 분야에서 남보다 뛰어난 사람은 같은 분야의 다른 사람보다 사고 방식이 다르기 때문에 탁월하게 된 것입니다. 태어날 때부터 운명은 정해져 있다고 말하는 사람도 있지만 그 말은 근거가 없는 말입니다. 사람은 태어날 때부터 갖게 되는 성격과 기질을 통하여 무의식중에 사고방식이 형성되며, 올바른 사고방식을 가진 사람은 성공을 하지만 올바른 사고방식을 갖지 못한 사람은 실패합니다.

　그런데 어느 분야에서든지 성공적인 삶을 사는 사람은

생각을 크게 한 사람입니다. 소심하고 옹졸하며 생각이 좁은 사람은 큰 일을 하지 못합니다. 생각을 크게 하는 사람은 목표가 원대하고 꿈이 크며 따라서 행위와 말도 대범하여 큰 일을 성취할 수 있습니다.

생각을 크게 하는(Think Big) 사람에게는 세 가지 특징이 있습니다.

그 첫째가, 내일에 사는 것입니다. 패배주의자들은 어제와 오늘에만 살고 있습니다. 잘 살았던 지난 날을 되새김질하고 역경에 처한 현재의 모습만 바라봅니다. 그러나 언제나 크게 생각하는 사람은 내일을 바라보며 창조적이고 생산적인 분명한 내일을 기대하고 삽니다. 계속 성장하는 내일을 향하여 뛰다보면 내일이 오늘로 변해서 오늘에 결국 큰 일이 이루어지게 되는 것입니다. 내일을 바라보지 않고 어제와 오늘만 바라보고 집착하여 울고 웃으면서 사는 사람은 크게 성장하지 못합니다.

둘째로, 환경에 꿈의 옷을 입힐 줄 알아야 합니다. 현실을 현실 그대로 바라보면 낙심할 때가 많습니다. 그러나 기도와 믿음과 은혜로 현실의 환경에 꿈의 옷을 입힐 줄 아는 사람은 낙심하지 않습니다.

닥터 슐러의 보좌관인 아이캔버크 씨는 사람들이 갖고 싶어하는 승용차를 타고 다닙니다. 그가 그 차를 가지게 된 내력은 이러합니다.

어느 날 그는 길거리에서 삼십 년 전에 나온 포드가 버려져 있는 것을 보았습니다. 그 차를 본 순간 저 차에다 꿈의 옷을 입히면 아주 멋진 차가 될 것이라는 생각이 떠올랐습니다. 그래서 곧장 그 차를 끌고 가 찌그러진 곳은 펴고 페인트칠을 다시 하고 부속을 갈아끼면서 꿈대로 옷을 입혔습니다. 그 결과 모든 사람들이 부러워하는 차를 소유할 수 있었던 것입니다.

현실에 꿈의 옷을 입힐 줄 모르는 사람은 크게 생각할 줄 모르는 사람입니다. 현실에서는 언제나 불만족뿐입니다. 그러나 꿈은 이상에 도달할 수 있는 지름길입니다. 발은 땅에 붙이고 있지만, 마음은 현실에 꿈의 옷을 입히고 꿈속에서 나날이 성장하고 발전하는, 내일을 바라보는 사람이 되어야 성공할 수 있는 것입니다.

셋째로, 성공한 사람은 끊임없이 아이디어를 개발합니다. 전통적이고 습관적이며 보편적인 생각을 가진 사람은 성공할 수 없습니다. 특출한 아이디어를 개발하여 적용하므로 남보다 앞서서 성공할 수 있는 것입니다. 오늘날 세계는 아이디어 개발의 경쟁시대입니다.

발전을 위해 끊임없이 아이디어를 개발하는 사람은 생각을 크게 하는 사람입니다. 크게 생각하는 사람은 보다 나은 내일을 바라보고 환경에 꿈의 옷을 입혀 현실을 개선해 나가며, 새로운 아이디어를 개발하여 적용하는 세 가지 특징을 가지고 있습니다.

성공한 사람이라고 하여 지식이 많은 것은 아닙니다. 지혜가 많은 것도 아닙니다. 그러나 그의 생활태도가 남보다 긍정적이며 위의 몇 가지의 특징을 운용하는 자세가 남다릅니다.

그러한 그릇 위에 성령을 담아놓으면 성령이 살고, 하나님의 메시지를 담으면 메시지가 살아납니다. 그러므로 우리가 그릇을 개발하면 크게 쓰임을 받는 하나님의 사자들이 될 수 있는 것입니다.

자신이 맡은 분야가 아주 작다고 할지라도 그 분야에서 두각을 나타내면 우주의 법칙에 의해 좋은 자리로 옮겨지게 됩니다. 성경에 보면 두 달란트 받은 사람이 네 달란트 만들고, 다섯 달란트 받은 사람이 열 달란트를 만들자 그 사람들은 보응 받는 기회가 다가오게 되었습니다.

흔히 회사에서 승진하지 못한 사람들은 정당한 대우를 받지 못하고 무시당하고 있다고 불평합니다. 그러나 그 사람은 잘못 알고 있는 것입니다. 약한 것은 강한 것에 밀려나는 것이 자연의 법칙입니다. 뛰어난 사람은 자연히 높은 자리에 앉게 마련입니다. 뛰어난 사람이 혹시 인정을 못 받고 있으면 하나님께서 다른 자리로 옮겨 주셔서 인정받으면서 일할 수 있게 해주십니다.

그러므로 남의 탓을 해서는 안 됩니다. 그러기보다는 자신이 맡은 자리에서 성공을 해야 합니다. 자신의 자리에서 탁월한 성과를 거두면 그에 상응하는 자리로 옮겨지게 되는 것입니다.

그러므로 우리는 오늘을 바라보지 말고 보다 나은 내일을 바라보며 끊임없이 현실에 꿈의 옷을 입혀서 성취시켜야 합니다.

그리고 기도로써 계속 아이디어를 개발하여야 합니다. 과학자들의 말에 의하면 인간의 뇌세포는 100억 개인데 일생동안 사용하는 세포는 10억 개밖에 되지 않는다고 합니다. 사람들은 자기 역량의 겨우 십분의 일만 발휘한 후 세상을 떠나고 있으니 얼마나 안타까운 일입니까? 우리가 조금만 시간을 내어 연구하고 기도한다면, 성령의 도움으로 10억 개, 20억 개, 30억 개, 40억 개, 50억 개 그 이상의 세포를 활용할 수 있으며 그로 말미암아 더욱 유능한 인물이 될 수 있는 것입니다.

여러분은 기도와 성령의 역사와 믿음으로 더 많이 아이디어를 개발하여 구원의 좋은 그릇이 될 수 있도록 힘쓰시기 바랍니다.

역경을 이기고 성공하는 믿음의 원리

1 | 새로운 생각과 언어

성공을 생각하라 (Think Success)
크게 생각하라 (Think Big)
성공을 보라 (See Success)
성공 안에서 기도하라 (Pray in Success)

2 | 믿음의 에너지 원리

다스림의 법칙
바라봄의 법칙
심고 거두는 법칙
주고 받는 법칙
구하는 순서의 법칙
무리의 법칙

3 | 믿음의 에너지 적용

빛이 비추일 때까지 기다리라
하늘을 바라보고 기적을 믿어라
구체적인 계획을 세우라
해와 달과 별이 총명하게 비추게 하라
부요의식을 가져라
절대 긍정자가 되라
평안이 올 때까지 기도하라

2/ 성공적인
신앙생활을 하려면

사랑과 축복

마음의 양약

> 사람의 심령은 그의 병을 능히 이기려니와 심령이 상하면 그것을 누가 일으키겠느냐(잠 18:14)

외적인 형태로 볼 때 인간은 육체의 장막을 덮어쓰고 살고 있지만 그 영혼은 하나님의 형상과 모양대로 지음을 받았으므로 인간을 이해하려고 할 때 단순히 육체적인 면으로만 보게 되면 큰 실수를 범하게 됩니다.

오랫동안 의학계에서는 인간을 육체적인 면에서만 연구했습니다. 해부학이라든가 세균학, 병리학을 통해서 육체적인 측면에서만 인간을 취급하였으므로 아직도 인간에게 완전한 치료를 가져올 수가 없었습니다. 그러다가 오늘날 비로소 서양 의학은 인간의 영적인 면이 육체에 많은 영향을 끼친다는 것을 알게 되어 이 방면에 비상한 관심을 가지고 새로이 연구에 몰두하고 있습니다.

사람은 원래 영혼이 육체를 덮어 쓰고 살기 때문에 육체는 어찌할 수 없이 영혼의 영향력을 민감하게 받습니다. 마치 술주정뱅이가 사는 집은 문짝이 부서지고 세간이 온전하지 못하나, 매사에 규모 있는 사람이 사는 집은 초가삼간이라도 허술한 데가 없는 것과 같습니다. 이러므로 인간에게 육체는 그리 큰 문제가 되지 않습니다. 근본적으로 중요한 것은 그 사람의 영혼입니다.

리더스 다이제스트에서 「세상에서 감기에 제일 잘 걸리는 사람」이란 제목의 논문이 실린 것을 읽어 보았습니다. 여기에서 감기에 대한 완전 치료법은 아직 발견하지 못했다고 전제하면서 그렇지만 사전에 감기를 예방하는 방법은 있다고 말하고 있습니다.

그 예방법이란 항상 마음에 즐거움을 가지는 것이라고 하였는데, 감기에 잘 걸리는 사람은 대개 불평과 원망이 많고 항상 부정적이며 침울한 성격을 가지고 있다고 합니다.

이와 같이 의학계에서는 이제서야 이 방면에 조금씩 눈을 뜨고 있지만 성경은 이미 수천 년 전부터 그 사실을 밝히 우리에게 보여 주고 있습니다.

"사람의 심령은 그의 병을 능히 이기려니와 심령이 상하면 그것을 누가 일으키겠느냐"(잠 18:14).

성경은 질병의 근본적인 치료법을 심령에 두고 있습니다. 그래서 항상 병자를 위해 기도하기 전에 먼저 교회에 와서 말씀을 들으라고 하는 것은, 그 심령이 죄에서 놓여남을 받고 그리스도의 부활의 생명을 받아들이고 중생하여 하나님의 믿음, 소망, 사랑이 영혼 속에 들어와야 비로소 치료가 속에서부터 밖으로 넘쳐 나오기 때문입니다.

병고침을 받을 때는 치료가 속에서 밖으로 퍼져 나가야 합니다. 그러나 세상 의학은 밖에서 치료하려고 하기 때문에 육체가 치료되지 않을뿐더러 간혹 치료된다고 하더라도 완치되었다고 보기엔 불완전합니다.

그러므로 하나님을 믿는 우리는 먼저 죄악의 뿌리가 뽑혀지고, 부정적인 인생관이 바뀌어지며, 모든 마음속의 불의와 추함이 청산되고 예수 그리스도 안에서 심령이 새로워져야 됩니다. 이렇게 하나님의 생명으로 말미암아 새로워진 심령은 모든 질병을 이길 수 있는 능력을 갖게 됩니다.

그렇기 때문에 우리 마음이 하나님의 생명으로 충만하고 언제나 즐거움을 갖는다는 것은 인생을 사는 데 가장 중요한 요건입니다.

"마음의 즐거움은 양약이라도 심령의 근심은 뼈로 마르게 하느니라"(잠 17:22).

우리가 경험에 비추어 보면 사업에 실패한다든지 사랑하는 가족이 세상을 떠나 마음에 큰 충격을 받으면 살과 뼈가 마르고, 거칠고 쪼글쪼글하게 되어 흉하게 보입니다. 그러나 마음속에 즐거움이 있는 사람은 피부에 윤기가 납니다. 그렇기 때문에 주님을 평생토록 믿는 할머니들을 보면 아주 곱게 늙습니다. 왜냐하면 그 마음속에는 항상 예수님에 대한 믿음과 즐거움이 충만하여 마음의 평안을 누리기 때문입니다.

미국 역사상 최고의 철학자인 왈프 에머슨은 젊었을 때 의사로부터 몇 달 밖에 살 수 없다는 사형선고를 받았습니다. 그리하여 북부 고향으로 죽음을 준비하기 위해 돌아가는 도중 신기하게도 그 마음속에는 종달새처럼 즐거움이 충만하였습니다. 새 한 마리, 꽃잎 하나 떨어지는 것이 예사롭게 보이지 않고 생명의 신비함에 경의를 표하게 되었습니다.

그 후 그는 우주 만물을 지으신 창조주를 찾게 되었고 기쁨과 즐거움으로 살다보니 육체는 건강하여지고 결국 78세까지 장수하는 인생을 구가하였습니다.

여기에서 에머슨의 그 나약한 육체의 유일한 에너지는 무엇이었을까요? 그것은 마음에 즐거움을 솟구치게 하는 창조주에 대한 신앙이었습니다. 그러므로 그의 철학적인 논리는 모두 성서에 입각한 것이었습니다.

이러므로 오늘 우리는 마음속에 즐거움을 가져야 되겠는데 그냥 가만히 앉아서 누가 갖다 주기를 바란다면 그 사람은 평생토록 즐거움을 얻지 못할 것입니다. 즐거움은 우리가 능동적으로 노력해서 찾아야 됩니다. 이 세상에는 어두움과 밝음이 공존하기 때문에 우리가 그늘진 생활을 하려면 얼마든지 어두운 그늘을 찾을 수 있습니다.

그러나 햇빛 찬란한 인생을 살고 싶으면 어느 곳에 가

도 밝은 태양 아래서 살 수가 있습니다. 모든 일에는 장단점이 있는데 단점만 바라보고 탄식을 한다면 그 사람은 끝까지 근심 속에서 헤어날 수 없습니다. 그러나 장점을 바라보고 밝은 마음으로 살면 그는 언제까지나 즐겁게 살 수 있는 것입니다.

　배 한 척 바다에 둥실 둥실 떠있네
　똑같이 불어오는 바람따라
　배 한 척 동으로 가고
　또 배 한 척 서로 가네

　이 시는 각양각색의 인생을 잘 표현해 주고 있습니다. 똑같은 환경과 처지에 살면서도 각자의 마음의 방향에 따라, 어떤 사람은 즐거움으로 충만한 삶을 살 수 있는가 하면 다른 사람은 슬픔으로 가득 찬 부정적인 삶을 살 수도 있습니다.
　그러므로 우리가 즐거운 인생을 갖는다는 것은 우리의 의지에 달려 있습니다. '나는 오늘부터 마음에 슬픔을 갖지 아니하고 즐거움만 찾겠다.'고 결심한다면 우리 예수 믿는 사람들이야말로 즐거울 이유가 얼마든지 있습니다.

예수 그리스도께서 그 많은 죄에서 우리를 구원해 주시고 새 사람으로 만들어 주셨다는 것을 생각할 때 즐거움이 얼마나 큰지 모릅니다. 이제 우리는 믿기만 하면 값없이 의롭다함을 얻고 영생의 확신을 받게되니 걱정할 필요가 없습니다.

우리는 기쁨의 근원을 세상 부귀, 영화 공명이나 변천하는 정치나 역사에 두지 않습니다. 우리는 정부가 개편될 때마다 많은 사람들이 장관의 자리에서 물러나는 것을 볼 수 있습니다. 이렇게 잠시 있다 사라지는 안개와 같은 세상의 지위나 명예나 권력에 소망을 두었다가는 기쁨을 오래 간직할 수 없을 것입니다.

우리는 하늘과 땅을 만드시고 우리를 사랑하사 그 생명과 피를 쏟아 주신 예수 그리스도를 믿고 의지하기 때문에 우리의 신앙은 추호도 동요되지 않고 영원한 즐거움 속에서 살 수 있는 것입니다.

우리의 삶은 여행에 비교할 수 있습니다. 우리는 이미 천국 시민권을 가지고 있으며 지금 장기여행 중에 있는 사람입니다. 여행 중 어떤 때는 동굴 속을 통과하기도 하고, 쇠줄을 잡고 산 꼭대기에 올라가기도 하며 물이 질퍽한 늪지를 지나가야 하는 고생을 겪기도 하지만 우리의 여행은 즐거움으로 가득합니다.

이 땅에는 우리가 영원히 거할 도성이란 없습니다. 우리의 여행이 끝나는 날, 하나님이 예비하신 영원한 도성에 안주할 수 있습니다. 그러므로 우리는 언제나 우리의 마음 상태를 즐겁게 만들어야 합니다.

우리들은 육체를 가진 심령입니다. 심령은 영원히 삽니다. 이 심령을 예수 그리스도의 보혈 안에서 언제나 기쁨으로 채우십시오. 그리하여 기쁨의 나날을 지나게 될 때 우리 모두는 마음의 양약으로 인생을 젊고 아름답게 만들 수 있게 됩니다.

세 가지 무기

감사로 제사를 드리는 자가 나를 영화롭게 하나니 그의 행위를 옳게 하는 자에게 내가 하나님의 구원을 보이리라(시 50:23)

우리의 신앙생활 가운데에 하나님의 역사를 즉시로 받아들이고 마귀의 파괴적인 행위를 곧바로 중지시키기 위해서 일반적으로 손쉽게 사용할 수 있는 세 가지 무기가 있습니다.

첫째 무기는 범사에 감사하는 것입니다. 우리가 감사할 때에 하나님은 그의 능력을 행하셔서 축복의 길을 열어 주신다고 성경에서 말씀하고 계십니다.

"감사로 제사를 드리는 자가 나를 영화롭게 하나니 그의 행위를 옳게 하는 자에게 내가 하나님의 구원을 보이리라"(시 50:23).

이러므로 우리는 일반적인 신앙생활 가운데서 감사로 제사 드리는 것을 중단해서는 안 됩니다. 누구든지 원하기만 하면 아침부터 저녁까지 힘들이지 않고 드릴 수 있는 제사가 감사의 제사입니다. 이렇게 감사의 생활을 할 때 하나님께서는 그 감사라는 고속도로를 통해서 우리에게 축복의 길을 환히 열어 주시는 것입니다.

이 감사의 제사는 마귀에게는 치명적인 타격이 됩니다. 왜냐하면, 마귀의 주무기는 불평으로써, 감사하는 사람의 신앙을 제일 싫어하기 때문입니다. 옛날 에덴동산에서 마귀가 하와에게 제일 먼저 심은 씨앗이 불평의 씨앗이었습니다. 그리하여 인류는 하나님의 품에서 떠나게 되었습니다.

이스라엘 백성들이 애굽을 떠나 광야에서 40년간을 방황하고 가나안 땅에 들어가지 못한 것도 바로 불평했기 때문이었습니다. 그들은 가는 곳마다 불평하고, 가는 곳마다 하나님을 원망했으므로 마귀의 궤계 속에 빠져 들어가 멸망하고 말았던 것입니다.

이와 같이 감사는 하나님의 능력을 베풀 수 있는 길을 열어줄 뿐만 아니라, 마귀에게는 그들의 주무기를 완전히 파괴해 버림으로 사람의 생애 속에 침투하는 길을 제지시키는 역할도 합니다.

그러므로 우리는 감사의 무기를 좋은 일이 있을 때에만 사용하지 말고 어려운 때일수록 풍부하게 사용하십시다. 일이 어렵게 되고 절망의 벽에 부딪치면 마귀는 불평불만을 가지고 찾아옵니다. 그러나 이 때 하나님께 감사의 제사를 드리면 그 즉시로 하나님의 능력이 역사하셔서 마귀의 궤계는 산산이 흩어지고, 모든 일은 하나님의 뜻대로 순조롭게 이루어지는 것입니다.

둘째 무기는 찬양을 드리는 것입니다. 하나님께서는 우리가 하나님 앞에서 드리는 즐거운 찬양을 제일 기뻐하십니다. 하나님은 원래부터 음악을 좋아하십니다. 그렇기 때문에 악장인 루시퍼를 제일 높은 천사장의 자리에 앉혔던 것입니다. 그래서 루시퍼는 항상 비파와 수금을 가지고 하나님을 영화롭게 해 드리다가 그만 교만해져서 타락하고 말았던 것입니다.

성경에 보면 하나님께서는 "이스라엘의 찬송 중에 계시는 주"(시 22:3)라고 기록되고 있습니다. 엘리야를 보십시오. 그는 하나님께 예언을 부탁드릴 때에 수금 잘 타는 사람을 불러다가 찬양을 드렸습니다. 그러면 하나님의 영이 즉시로 임하셔서 예언을 하였습니다. 또 사울 왕에게 악신이 와서 괴롭힐 때 그 옆에서 다윗이 수금을 타니까 성령님이 임하셔서 악신이 떠나가고 사울은 상쾌해졌다고 말했습니다.

우리가 교회에서 예배를 드릴 때에도 예배 전에 찬송을 많이 부르면 하나님의 성령의 은혜가 충만하여 설교를 하면 하나님의 역사가 크게 일어납니다. 그러나 준비 찬송이 충분하지 못한 예배는 냉랭하고 하나님의 말씀을 증거해도 힘이 듭니다.

그래도 한국성도들은 찬송을 많이 부릅니다. 일본이나 중국에 가보면 그들은 찬송을 많이 부르지 않습니다. 그래서 부흥이 열렬히 일어나지 않고 있습니다. 그러나 우리나라나 영국 등은 찬송을 많이 부르기 때문에 성령의 역사가 강하게 일어나는 것을 알 수 있습니다.

그러므로 우리가 일반적으로 쉽게 부를 수 있는 찬송을 소홀히 여기지 말아야 하겠습니다. 바울과 실라를 보십시오. 그들은 희망의 빛이라고는 조금도 비치지 않는 어둡고 침침한 빌립보 감옥에서도 하나님께 찬양을 드렸습니다. 그러자 하나님께서는 그 찬미 소리를 들으시고 감옥 문이 열리고 착고가 풀려지는 기적을 일으키셔서 빌립보를 뒤집어 놓았습니다.

그러므로 우리는 생명 있는 동안에 끊임없이 찬송을 불러야 하겠습니다. 어렵고 힘든 일이 생길 때마다 더욱 힘차게 찬송을 부르십시다. 그래서 우리의 찬양 속에 주님을 모시고, 또한 우리는 주의 영광 가운데 거하는 생애가 되도록 하십시다.

셋째로, 우리가 하나님 앞에서 크게 승리할 수 있는 무기는 기뻐함입니다. 기뻐하고 즐거워하는 것은 우리의 힘입니다. 성경에도 보면 느헤미야가 "슬퍼하지 말며 울지 말라 야훼로 인하여 기뻐하는 것이 너희의 힘이니라"(느 8:9-10)고 했습니다.

하나님의 나라는 기쁨입니다. 왜냐하면, 진리는 바로 기쁨이기 때문입니다. 진리에 도달하지 못한 세계는 고통이며 슬픔뿐입니다. 그러나 하늘나라에는 슬픔이나 번뇌나 고통이 없습니다. 오직 하나님의 영광만으로 가득 차 있습니다.

그러므로 우리가 성령의 충만함을 체험하면 우리의 마음에 심령 천국이 이루어집니다. 그래서 환경이 좋지 않아도, 또 남이 볼 때는 기뻐할 조건이 없는데도 성령 안에 거하면 항상 기쁘고 즐겁습니다. 사도 바울이 쇠고랑을 차고 감옥에 갇혀 있으면서도 항상 기뻐하라고 오히려 빌립보 성도들을 위로했던 것도 그 자신이 기쁨 가운데 있었기 때문입니다.

"끝으로 나의 형제들아 주 안에서 기뻐하라"(빌 3:1).

여기에서 바울은 세상이 주는 기쁨이 아니라 성령으로 말미암아 하늘에서 주시는 영원한 기쁨을 소유한 것입니다.

그런데 사람의 마음의 자세는 참 미묘합니다. 어떤 모임에서는 한 두 사람이 불평을 말하면 불평이 눈사람같이 커져서 나중에는 모든 사람에게서 기쁨이 사라집니다. 그러나 몇 사람이 모여서 긍정적인 자세로 기쁨에 대한 대화를 나누다 보면 그 기쁨이 눈사람같이 커져서 모든 사람이 기뻐하게 됩니다.

　가정에서도 집안이 다 평온한데 한 사람이 불평을 하고 고함을 치면 삽시간에 온 집안이 근심과 불안으로 술렁거리게 됩니다. 그러나 반대로 항상 우울하고 침울한 가정 분위기라도 한 사람이 명랑하고 기쁜 표정을 지으면서 대화를 나누게 되면 곧 가정이 따뜻하고 안온해짐을 체험하게 됩니다.

　그러므로 우리는 마음의 자세를 항상 기쁘게 가집시다. '웃는 것이 우는 것 보다 낫다.'는 말은 인생을 먼저 살다 간 조상들이 남긴 말입니다. 그렇잖아도 마귀는 우리가 슬퍼하고 울며 탄식하고 원망하기를 도모합니다. 그렇기 때문에 우리는 늘 하나님께 찬미를 드리고 기쁨의 무기를 가짐으로 마귀의 궤계를 깨뜨려야 합니다. 그리고 하나님께 영광을 돌려야 하겠습니다.

　하나님께 감사하는 무기와, 찬양의 무기와, 기뻐하는 무기, 이 세 가지 무기를 우리의 생활 가운데 사용하면 하나님께서는 우리를 항상 승리의 길로 인도해 주십니다. 그리고 마귀의 궤계를 막아 주십니다.

　그러므로 우리는 범사에 감사를 드립시다. 좋을 때나

궂을 때나 찬송으로 기쁜 찬양을 드리십시다. 그리고 우리는 슬픔과 고통이 만연한 세상을 향해 우리가 체험한 하나님의 영원한 기쁜 소식을 선포하십시다.

하나님께 빛 지우는 방법

피차 사랑의 빛 외에는 아무에게든지 아무 빚도 지지 말라 남을 사랑하는 자는 율법을 다 이루었느니라(롬 13:8)

엘리사는 성경에 언제나 예수 그리스도의 원형(原形)으로 나와 있습니다. 엘리사가 수넴을 지날 때 그 수넴에 있는 귀부인이 엘리사를 강권(强勸)하여 집에 들어와서 음식을 먹게 하고 대접을 받도록 했다고 성경에 기록되어 있습니다. 또 수넴 여인은 엘리사가 하나님의 사람인 줄 알고 남편과 의논해서 조그마한 선지자의 방을 마련한 후 엘리사를 거기에 유하게 했습니다.

미국이나 유럽에서는 목사들이 방문한 집에서 묵고자 하면 주인에게 "Do you have a prophet's chamber?"(당신 집에 선지자 방이 있습니까?) 하고 물어 보아야 합니다. "내가 당신 집에서 유숙해도 괜찮습니까?"라고 묻지를 않습니다. 주인이 "Sure, We have a prophet's chamber."(예, 선지자의 방이 있습니다.)라고 대답하지 않고 "Oh No, We don't have a prophet's chamber."(선지자 방이 없습니다.)라고 하면 호텔로 돌아가야 됩니다.

이처럼 엘리사 때문에 선지자의 방이란 말이 생기게 되었는데, 수넴 여인은 선지자의 방을 짓고 엘리사가 올 때마다 유하게 하고 정성스런 대접을 해드렸습니다. 하나님의 종 엘리사는 대접을 받을 때마다 그의 마음속에 사랑의 빚을 지게 되었습니다.

"하나님께 빚을 지워라!"

이것이 우리 축복받는 신앙생활의 한 비결입니다. 사람은 많은 빚을 지고 달아날 경우가 있지만 천지와 만물을 지으신 하나님께서는 빚을 떼어먹고 달아나시지 않습니다. 그러므로 하나님께 빚을 지워야 합니다.

하나님의 축복을 받은 엘리사는 수넴 여인에게 구태여 밥을 얻어먹고, 그 선지자의 방에 들어가서 거할 필요는 없었습니다. 그런데 수넴 여인이 강권하여 엘리사로 대접을 받게 해서 빚을 많이 짊어지웠습니다. 하나님은 엘리사를 통해서 세상에 역사하시고, 하나님의 영이 그 안에 거하시기 때문에 엘리사가 대접을 받은 것은 바로 하나님이 대접을 받은 것입니다. 그래서 날이 갈수록 하나님은 빚을 더 지게 되었습니다.

하나님께서는 다른 것은 다 참으시나 빚을 지고는 참지 못하십니다. 성경에 "피차 사랑의 빚 외에는 아무에게든지 아무 빚도 지지 말라"(롬 13:8)고 했습니다.

그리스도의 생애를 보아도 이 사실은 분명합니다. 주님께서 오병이어로 어린이에게 빚지고 난 다음에 당장 그 자리에서 열두 바구니로 갚아 주셨습니다. 베드로의 배를 빌리고, 빚지고는 견디지 못하기 때문에 그물을 던져 많은 고기를 잡게 해서 그 빚을 갚았습니다. 마가 요한의 다락방을 점령하여 사용하시고 주님은 당장 성령으로 채우시고 축복해 주셨습니다.

마게도니아 교인들이 연보를 거둬서 바울에게 선교비

를 가져다 주었으므로 하나님께서 빚을 지게 된 것입니다. 그래서 당장 바울의 입을 통해서 하나님께서 하신 말씀이 "그리스도 예수 안에서 영광 가운데 그 풍성한 대로 너희 모든 쓸 것을 채우시리라"(빌 4:19)고 했습니다.

이렇기 때문에 우리의 신앙생활에서 참으로 축복을 받는 길은 하나님께 강제로라도 빚을 지우는 데 있습니다. 수넴 여인은 엘리사에게 오랫동안 빚 지울 수는 없었습니다. 하나님께서는 빚을 갚으시기 때문입니다.

"주라 그리하면 너희에게 줄 것이니 곧 후히 되어 누르고 흔들어 넘치도록 하여 너희에게 안겨 주리라"(눅 7:38).

"그러므로 무엇이든지 남에게 대접을 받고자 하는 대로 너희도 남을 대접하라 이것이 율법이요 선지자니라"(마 7:12).

이것이 하나님의 법칙입니다. 그러므로 하나님께서도 어쩔 도리가 없었습니다. 하루는 엘리사가 수넴 여인을 불렀습니다. 그리고는 "내가 너를 위해서 무엇을 해줄까?"하고 소원을 먼저 물었습니다. 이와 같이 하나님께서는 우리의 소원을 들어 주시기를 원하십니다.

"너희가 내 안에 거하고 내 말이 너희 안에 거하면 무엇이든지 원하는 대로 구하라 그리하면 이루리라"(요 15:7).

"야훼를 기뻐하라 저가 네 마음의 소원을 이루어 주시리로다"(시 37:4).

"악인에게는 그의 두려워하는 것이 임하거니와 의인은 그 원하는 것이 이루어지느니라"(잠 10:24).

이러므로 하나님께서는 우리의 소원을 먼저 묻습니다. 우리의 소원이 분명하지 않으면 하나님께서는 아무런 축복도 우리에게 해 줄 수 없습니다. "하나님께서 알아서 해 주십시오." 한다면 하나님은 아무 것도 알아서 해주시지 않습니다. 꼭 소원을 말해야 합니다.

수넴 여인은 귀부인입니다. 동네의 유지요, 잘 살고 부족한 것 없이 부귀영화를 누리고 있었습니다. 그래서 "내가 너에게 무엇을 해 줄까?"고 했을 때, 그 부인은 "나는 백성 중에 편안히 사는 고로 큰 욕망도 없고 이로서 만족하나이다."라고 말했습니다.

하나님께서는 빚을 지시면 갚지 않고는 못 견디십니다. 그러므로 엘리사도 빚지고는 있을 수 없으므로 사환인 게하시를 보내어 필요한 것이 있는지 조사를 시켰습니다. 게하시가 조사를 하고 와서 이렇게 보고했습니다.

"이 집에는 아들이 없습니다. 남편은 이제 나이가 많고, 부인은 아직 아들이 없으므로 아들을 하나 준다면 큰 빚 갚음이 될 것입니다."

"부인을 다시 오라고 해라."

엘리사가 명했습니다. 부인이 엘리사 앞에 왔습니다.

"명년 이맘 때는 아들을 낳아 품에 안으리라."

부러워할 것이 없을 만큼 부귀영화를 가진 부인으로서 아들을 낳기 위해 무슨 방법인들 써보지 않았겠습니까? 그런데 이미 자녀를 낳을 수 있는 시기가 지나갔는데 엘리사가 그렇게 말하니까 부인은 "하나님의 사람이여 날 속이지 마옵소서." 하며 그 말을 믿지 않았습니다.

그러나 하나님께 빚 지워놓고 난 다음에 하나님께서 축복하시기를 작정하면 그 때부터 기적이 일어나게 되는 것입니다. 일 년이 지나자 부인은 아들을 낳아서 품에 안게 된 것입니다.

그러므로 이 땅에 살 동안 할 수만 있으면 하나님께 시간을 빚, 물질의 빚을 지우십시오. 할 수 있는 최선을 다해 하나님께서 빚을 잔뜩 짊어지도록 하십시오. 그리고 나면 그 다음 기도는 그대로 통과되기 시작할 것입니다.

하나님께서 하늘 문을 여시고 쌓을 곳이 없도록 붓는 축복을 베푸실 것입니다.

하나님께 빚을 지우지 않고 자꾸 하나님께 달라고만 하는 기도는 잘못된 기도인 것입니다. 수넴 여인을 통해서 하나님께 어떻게 우리는 빚 지울 것인가를 알았습니다. 우리가 하나님께 빚을 지우면 하나님께서는 어찌할 수 없이 그 빚을 갚아 주실 것입니다.

그러면 하나님께 빚 지우는 길로써 한국 민족이 할 일은 무엇일까요? 그것은 선교사업을 많이 하는 것입니다. 세계 역사를 통하여 볼 때 선교하는 나라마다 흥하지 않은 나라가 없었습니다.

독일이 세계 선교를 떠맡았을 때, 세계적인 강대국이 되었습니다. 그러나 독일이 선교를 그치자 세계 주도권을 잃었습니다. 영국이 세계 선교를 도맡았을 때 세계적인 국가가 되었습니다. 그러나 영국이 선교를 그만 두니까 발전이 멈췄습니다. 지금 미국이 세계적인 강대국가가 된 것도 전 세계적 선교를 하므로 하나님께 빚을 많이 지웠기 때문입니다.

이제 우리 한국이 세계 일등국가가 되기 위해 하나님

께 빚을 지우는 길로써는 선교를 많이 하여야 합니다. 왜냐하면 우리 민족 자체를 위해서 우리를 돌보는 일은 마땅히 해야 할 일입니다. 내 혈족을 돌보지 않는 자는 믿지 않는 자보다 더 악하다고 하였습니다.

하나님을 사랑하는 우리는 저 북방 얼음 산과 저 남방 대양 섬, 우리 한국 밖에 있는 이방 민족에게 선교를 많이 해야 됩니다. 그래서 선교를 통해서 하나님께 많은 빚을 지워 놓으면 우리 민족에게 하나님께서 축복을 30배, 60배, 100배로 부어 주실 것입니다.

우리 여의도순복음교회가 힘을 다하여 선교에 힘쓰는 이유가 바로 거기에 있습니다. 할 수 있으면 많은 선교사를 외국에 보내어 복음을 전파합니다.

이런 것은 모두가 하나님께 빚 지우려고 하는 데 있습니다. 하나님께 강제로 빚 지움으로 우리 교회의 기도가 응답되고, 우리 한국에 하나님의 축복이 쏟아지도록 하기 위한 것입니다.

이렇게 우리가 선교에 최선을 다할 때 하나님은 우리 교회를 풍성하게 축복해 주시고 우리 민족을 축복하여 주실 것입니다. 하나님께 우리 빚 지웁시다.

천국은 침노하는 자의 소유이다

사람들은 누구나 다 천국을 소유하기를 원합니다. 그러나 장차 얻게 될 천국보다도 이 땅에서 사는 동안 현실 생활에서 천국을 소유하고 누릴 수 있기를 더 바라고 있습니다. 그러면 우리가 어떻게 하여야 천국을 차지할 수 있을까요? 성경에 보면 "침례 요한의 때부터 지금까지 천국은 침노를 당하나니 침노하는 자는 빼앗느니라"(마 11:12)고 기록되어 있습니다. 천국을 소유하려면 침노하고 빼앗아야 된다고 하니 보통 결심과 각오로써는 천국을 누릴 수 없음을 성경은 분명히 보여주고 있습니다. 우리는 6·25 사변 때 우리 땅을 차지하려고 침범하였던 공산군들로 말미암아 인적, 물적으로 막대한 손실을 입었던 것을 기억하고 있습니다. 이와 같이 우리도 천국을 빼앗아 누리려면 시간을 들이고 노력하여 애씀이 있어야 합니다. 가만히 앉아있는데 천국이 저절로 이루어지는 것은 아닙니다. 그러면 천국을 빼앗아 누리는 데 갖추어야 할 몇 가지 사항을 말씀드리겠습니다.

첫째로, 천국을 침노하여 빼앗기 위해서는 마음속에 천국을 소유하겠다는 강렬한 소원이 있어야 합니다.

"천재는 99%의 노력과 1%의 영감으로 만들어진다."는 에디슨의 말과 같이 천국을 소유하는 데 있어서도 마음속에 뜨거운 소원과 불타는 열심이 있어야 합니다. 차지도 아니하고 더웁지도 아니한, 미지근한 상태에서는 천국은 빼앗을 수도 없을 뿐만 아니라 이미 침노한 천국도 도로 빼앗기게 될 것입니다. 그러므로 천국을 빼앗아 소유하려면 마음속에 뜨거운 소원이 있어야 합니다.

둘째로, 천국을 침노하여 빼앗기 위해서는 회개를 해야 합니다. 예수님께서 "회개하라 천국이 가까웠느니라"(마 4:17)고 말씀하셨습니다. 우리의 마음속에 마귀가 자리잡고 있으면 천국을 침노하여 빼앗을 수 없습니다. 왜 천국을 침노해서 빼앗을 수 없느냐 하면 마귀가 천국과 우리 사이를 막고 있기 때문입니다. 그러므로 우리가 회개함으로써 마음을 정리하여 마귀의 영향력을 받지 않도록 해야 합니다.

그러면 어떻게 회개를 해야 할까요?

회개를 할 때 막연하게 "나는 죄인입니다."라고 해서는 안됩니다. 이러한 기도는 자기 자신을 부정적으로 만들기 때문에 오히려 역효과를 나타냅니다. 회개를 할 때는 잘못을 조목조목 드러내어 회개를 해야 참다운 회개가 되며 이렇게 할 때 마귀를 물리칠 수 있어 천국을 소유하며 누릴 수 있게 되는 것입니다.

우리들이 천국을 소유하여 누리지 못하는 까닭은 하나님께서 우리에게 천국을 주시지 않기 때문이 아닙니다. 마귀가 우리와 천국 사이를 가로막고 있기 때문에 우리가 천국을 차지할 수 없는 것입니다. 그러나 우리가 뜨거운 소원과 회개와 기도와 믿음과 담력으로 천국을 침노하면 마귀의 장벽이 무너져서 하나님께서 예비하신 천국을 소유하고 누릴 수 있는 것입니다.

그러므로 사도 바울은 "우리의 씨름은 혈과 육을 상대하는 것이 아니요 통치자들과 권세들과 이 어둠의 세상 주관자들과 하늘에 있는 악의 영들을 상대함이라"(엡 6:12)고 하였고, 베드로는 "근신하라 깨어라 너희 대적 마귀가 우는 사자같이 두루 다니며 삼킬 자를 찾나니 너희는 믿음을 굳건하게 하여 그를 대적하라"(벧전 5:8-9)고 하였으며, 야고보도 "하나님께 복종할지어다 마귀를 대적하라 그리하면 너희를 피하리라"(약 4:7)고 하였던 것입니다. 안일하게 천국을 체험할 수 있는 줄 알고 종교적으로, 의식적으로, 도덕적으로, 형식적으로 교회에 왔다 갔다 하는 사람은 결코 영혼과 육체와 생활 속에 천국을 체험하지 못합니다. 천국은 침노하여 빼앗는 자만이 체험하고 누릴 수 있습니다. 천국 체험은 바로 삼중축복인 것입니다.

이러므로 우리 여의도순복음교회는 누가 무엇이라고 말하든지 간에 성도들로 하여금 천국을 침노하여 빼앗도록 하는 것을 목적으로 삼고 있습니다.

우리교회는 열심이 있는 교회입니다. 성도들은 주일예배, 수요예배, 금요철야예배, 구역예배에 열심히 참석합니다. 또한 우리 교회는 예배 참석도 열심으로, 기도도 열렬하게, 전도에도 열성적으로, 모든 것에 열의로 가득 들어찬 교회로 계속될 것입니다.

우리 교회에서는 통성 기도를 합니다. 많은 사람들이 우리 교회의 통성기도 하는 것을 보고 "그렇게 시끄럽게 기도하지 않으면 하나님께서 기도응답을 하지 않으시냐?"라고 비난합니다. 물론 통성으로 기도하지 않아도 하나님께서는 응답해 주십니다.

그러나 애통하며 회개하는 사람이 조용하게 기도를 할 수 있습니까? 생각에 자리잡고 있는 마귀를 쫓아내고 돌이켜 생각을 바꾸는 것이 회개인데 마귀가 쫓겨 나갈 때 조용하게 쫓겨나가지 않기 때문에 부르짖는 통성기도를 하게 됩니다. 그러므로 우리 교회는 계속 시끄럽게 부르짖는 교회가 될 것입니다.

또한 우리교회는 기도하는 교회이고, 우리 교회에 나오는 성도들은 언제나 믿음에 대한 설교를 듣게 될 것입니다. 나는 항상 성도들에게 믿음에 대한 설교를 합니다. 믿음의 설교가 아니면 성도들을 창조적인 생활로 이끌어 갈 수 없기 때문입니다. 창조란 눈에 보이는 현실 세계를 소유하는 것이 아니라, 눈에 보이지 않는 세계를 눈에 보이도록 만들어 내는 것입니다. 그러므로 나는 환경과 감각에 의지하지 아니하고 말씀 위에 서서 나가는 믿음의 설교를 계속할 것입니다.

그리고 나아가서 언제나 실천적 행함을 계속할 것입니다. 하나님의 말씀을 믿고 운명을 내어 거는 행함, 하나님을 영화롭게 하고 예수의 복음으로 이웃을 구원하는 적극적인 행함을 궁극적인 목표로 삼고 매진할 때 우리는 현세에서 천국을 누릴 뿐 아니라 영원한 천국을 소유하는 축복을 얻게 될 것입니다.

생수의 강

"누구든지 목마르거든 내게로 와서 마시라 나를 믿는 자는 성경에 이름과 같이 그 배에서 생수의 강이 흘러나오리라 하시니 이는 그를 믿는 자들이 받을 성령을 가리켜 말씀하신 것이라"(요 7:37-39)

주님을 믿고 성령을 받은 사람에게는 배에서 생수의 강이 흘러나오리라고 성경은 말씀하고 있습니다. 우리의 머릿 속이라든가 가슴 속에서 생수의 강이 흘러나리라고는 말씀하시지 않았습니다.

사람들은 기(氣)가 센 사람을 "배짱이 센 사람"이라고 말하며, 기합을 넣을 때에도 "배 밑에 힘을 주라."는 말을 합니다. 귀신 들린 사람에게 손을 얹고 기도를 하면 배를 잡고서 토하며 뒹굴다가 귀신이 쫓겨 나가고 나면 조용해집니다. 이로 미루어 보건대 신체 중의 배와 영적인 역사와의 연관성을 추측할 수 있을 것 같습니다.

우리가 하나님의 은혜를 받으면 뱃속에 하나님의 평화가 가득해짐을 느낄 수 있습니다. 그리고 뱃속에도, 심령에도 힘이 불끈 생기며 든든하게 됩니다. 강단에서 설교하는 주의 종들은 하나님의 성령의 기름 부음이 크게 임할 때 뱃속이 뜨끈해짐을 느낍니다. 이러한 것을 체험한 날이면 틀림없이 하나님의 역사가 크게 나타나게 됩니다.

주님께서 "뱃속에서 생수의 강이 넘쳐나리라." 말씀하셨다고 하여 생수가 뱃속에서 곧장 배 밖으로 나오는 것이 아니라 우리의 마음을 통하여 우리의 생활에 나타나게 되는 것입니다.

그런데 자신의 뱃속에 생수의 강이 넘쳐나고 있는지 아닌지 즉, 성령으로 충만한가 아닌가는 자기 자신이 판단할 수 있습니다. 막연하게 성령 충만할 것이라는 짐작으로 성령 충만의 여부를 판단하려는 우(愚)를 범해서는 안 됩니다.

처음 성령 충만함을 받으면 그 외적 표현으로 방언을 말하게 됩니다. 그렇다고 하여 방언이 곧 성령 충만함 그 자체는 아닙니다. 왜냐 하면 방언이 습관화되면 성령이 충만하지 않고도 습관적으로 방언을 할 수 있기 때문입니다. 이때의 방언은 뱃속에서 나오는 방언이 아니고 입술에서 나오는 방언입니다.

방언은 영이 말하는 것입니다. 처음에는 성령이 내 영과 더불어 말하다가 성령이 떠나도 내 영은 방언으로 말할 수 있게 됩니다. 또 마귀도 방언을 할 수 있습니다.

그러면 뱃속에 생수의 강이 넘쳐나고 있는지 아닌지를 어떻게 알 수 있을까요? 우리가 다음과 같은 세 가지 사항에 자신을 비춰보면 쉽게 알 수 있습니다.

첫째로, 성령이 충만하면 하나님을 향한 감사와 찬양이 끊이지 않습니다. 하루를 지내면서 문득문득 하나님께 감사한 생각이 떠올라서 "하나님 아버지, 감사합니다. 아버지께 영광을 돌립니다." 이러한 기도가 입술을 떠나지 않게 되면 그는 성령이 충만한 사람인 것입니다. 그렇지 않고 아침에 일어나기가 무섭게 "이놈의 세상! 어떻게 살아가지." 하고 푸념을 늘어놓는다면 아무리 방언을 유창하게 한다고 할지라도 그 사람 속에는 이미 성령이 떠나고 마귀가 가득하다는 표시입니다.

성도님 중에 이런 분이 있었습니다. 친구 집에 공부하러 간다고 나간 아들이 저녁 늦게까지 돌아오지 않으므로 염려가 되어 여러 곳에 수소문하고 찾던 중, 나쁜 친구와 어울려 편의점을 털다가 잡혀 경찰서에 있다는 것을 알게 되었습니다.

부모가 그 아들 문제를 해결하기 위해 동분서주하느라고 집단속을 소홀히 한 틈을 타서 도둑이 들어와 월급 생활하면서 푼푼히 모은 돈을 모두 훔쳐갔습니다.

그 사실을 알게 된 내가 위로의 전화를 걸었더니 그 성도님은 실로 놀라운 고백을 하였습니다.

"목사님, 이것은 우리 부부가 하나님을 잘못 믿은 탓입니다. 우리가 하나님께 바쳐야 할 십일조를 도둑질한 죄를 범했기 때문에 아들이 도둑질하다 잡혔고, 그동안 애써 모은 돈도 도둑맞게 되었던 것입니다. 하나님 앞에 우리 잘못을 회개했습니다. 아들도 이번 일을 통하여 회개할 것이므로 오히려 하나님께서 더 크신 축복을 주실 것을 믿게 되었습니다."

성령의 능력이 아니고서는 도저히 이런 말을 할 수 없을 것입니다. 이것은 방언을 유창하게 말하는 것보다 훨씬 더 성령이 충만한 증거가 됩니다. 그러므로 좋은 일이 있고, 일이 잘 될 때만 감사할 것이 아니라 시련이 다가와도 감사할 수 있을 때 성령 충만한 표적을 볼 수 있는 것입니다.

둘째로, 성령 충만을 받으면 이웃에 대한 사랑과 호의와 자비가 내 뱃속에 넘쳐 나오게 됩니다. 자매님들이 가끔 나에게 와서 호소합니다.

"목사님, 애들 아빠는 교회에도 열심히 나오고 다른 사람에게는 친절한데 집에만 오면 돌변하여 화를 잘 내고 난폭한 사람이 됩니다."

이러한 분은 성령이 충만하지 못한 분입니다. 성령이 충만하면 집 안에서나 집 밖에서나 같은 행동을 하게 됩니다. 남을 헐뜯거나 비난하며 못살게 굴지 않고 사랑과 호의와 자비로 대할뿐더러 심지어 원수까지도 축복하고 저주하지 않는 사람은 성령이 충만한 사람인 것입니다.

셋째로, 성령을 충만히 받은 사람은 삶에 있어서 소망

과 신념을 가지고 적극적인 자세를 취하게 됩니다. 탄식과 불평으로 늘 부정적인 말만 늘어놓는 사람은 뱃속에 생수의 강이 넘쳐흐르는 사람이 아닙니다. 왜냐하면 하나님의 성령은 젊은이에게는 환상을, 늙은이에게는 꿈을 주기 때문입니다. 성령님은 믿음과 소망과 꿈을 줍니다. 그러나 막연한 꿈과 소망을 넣어주는 것이 아니라 소망과 꿈을 이룰 수 있는 길을 열어 주십니다.

많은 사람들은 막연한 꿈을 꿉니다. 막연한 꿈은 꿈에 지나지 않고 현실화의 가능성은 전무합니다. 성령께서 주는 꿈을 가지면 단순히 1억 원을 벌었으면 하는 생각이 '어떻게 하면 그만한 돈을 벌 수 있을까?' 하고 생각하게 되는 긍정적인 자세로 변하게 됩니다. '우리 가정도 행복했으면 좋겠다!'의 꿈은 백일몽에 불과하지만 '어떻게 우리 가정이 행복하게 될 수 있을까?' 하고 그 방법을 강구하기 시작하면 그 꿈은 적극적이고 긍정적이며 실제적인 사실로 변하게 되는 것입니다.

이러므로 하나님의 성령이 오시면 꿈과 환상을 주시고 희망과 적극적인 삶을 살게 하여 주십니다. 그러나 성령 충만이 사라지면 꿈과 희망은 사라지고 원망, 불평이 나오며 점차 부정적인 삶의 자세를 취하게 됩니다.

"누구든지 목마르거든 내게로 와서 마시라"(요 7:37).

우리는 예수 그리스도께서 십자가에 달려 죽으신 후 사흘 만에 부활하심으로 말미암아 우리의 죄를 용서함 받고 천국에 들어갈 수 있게 되었습니다. 그러므로 우리가 예수 그리스도 앞에 나와 무릎을 꿇고 죄를 회개하며 주님을 우리의 구주로 모셔 들이면 주님께서는 우리의 메마른 뱃속에 생수의 강이 넘쳐나게 해 주십니다.

성령 충만을 받게 되면 하나님께 감사하고 찬미하며, 이웃에게 사랑과 호의와 자비를 베풀며 꿈과 희망을 가지고 적극적인 삶의 자세를 취하게 됩니다. 뱃속에서는 생수의 강이 흘러나며, 영혼이 잘됨같이 범사에 잘되고 강건하며, 생명을 얻되 넘치게 얻는 역사가 일어나게 되는 것입니다.

성령과 우리와의 관계

예수님을 믿는 신앙생활 가운데 "성령과 우리는 어떠한 관계가 있는가?"라는 문제는 매우 중대한 문제입니다. 우리가 훌륭한 교회 건물에다 좋은 제도를 가지고 있다 할지라도 성령이 없으면 마치 자동차는 있는데 휘발유가 없는 것과 같습니다.

그렇기 때문에 주님께서 이 세상을 떠나시면서 우리에게 성령을 보내주셨습니다. 그리스도께서 승천하신 후 이 땅에 오신 하나님의 성령께서는 우리 가운데 오셔서 눈에 보이지 않게 역사(役事)하고 계십니다.

예수님께서는 성령과 우리와의 관계에 대해 말씀하실 때 성령을 바람에 비유하여 말씀하셨습니다. 그러므로 바람에 비유된 성령과 우리와의 연관성에 관하여 알아보겠습니다.

첫째로, 성령이 바람과 같다는 것은 바람의 편재성(偏在性)을 보여 주는 것입니다. 바람은 어느 곳에나 있습니다. 바람이 없는 곳은 없습니다. 성령이 바람에 비유된 까닭은 바람이 어느 곳에나 있는 것처럼 하나님의 성령의 편재성, 즉 하나님의 성령도 어느 곳에나 계심을 우리에게 말해 주는 것입니다.

바람은 어느 곳에나 있기 때문에 우리 스스로가 숨을 쉬지 않으려고 숨쉬기를 중단할 때만 우리 속에 들어오지 않고 그 외에는 언제나 우리 속에 들어옵니다. 이와 같이 성령도 우리와 항상 같이 계시기 때문에 우리가 성령을 반대하겠다는 결심을 가지고 성령을 반대하기 이전에는 성령은 늘 우리와 같이 계십니다.

그러므로 우리의 육체가 숨을 쉬는 것처럼 우리의 영도 성령을 호흡하며 삽니다. 우리는 폐를 통하여 공기를 들이마시듯 기도를 통하여 성령을 늘 호흡할 수 있습니다. 이러므로 우리가 기도를 등한히 하면 성령 충만함이 사라집니다. 우리가 24시간 기도하는 마음의 자세를 가지지 않으면 성령께서는 우리를 떠나가십니다.

나는 성령께서 떠나시는 것을 제일 먼저 음성에서 느낄 수 있습니다. 성령으로 충만할 때는 말을 하든지, 기도를 하든지 간에 목소리에서 하나님의 목소리를 느낄 수 있습니다. 그러나 성령께서 떠나가시면 곧장 내 목소리에서 인간의 목소리가 나옴을 알 수 있습니다.

특별히 병자를 위한 기도를 할 때 느낄 수 있는 일입니다. 내 몸에 성령의 기름 부으심이 임하면 온 몸 전체가 새로운 어떤 존재에게 덮어 씌워지는 것과 같은 느낌을 갖습니다. 마치 구약 시대에 하나님께 전제를 드릴 때 밀가루에 기름을 섞으면 밀가루가 기름 속에 있고, 기름 속에 밀가루가 있는 것과 같이 성령이 내 안에, 내가 성령님 안에 있어 내 목소리가 성령님의 목소리가 되는 것을 체험합니다.

성령은 바람과 같이 어느 곳이나 우리가 원하는 곳에 와 계십니다. 성령은 편재성으로 인하여 바람에 비유되고 있는 것입니다.

둘째로, 성령을 바람에 비유한 까닭은 바람이란 침체된 공기가 아니고 유동(流動)하는 공기이기 때문입니다. 성령은 살아서 끊임없이 움직이고 있습니다.

그런데 오늘날 수많은 사람들이 성령을 움직이지 않는 혼탁한 공기로 만들어 버리고 말았습니다. 성령은 예수 그리스도의 이름으로, 예수 그리스도의 자리에서, 예수 그리스도의 일을 계속하기 위하여 이 땅에 오셔서 역사하시는 영이신 것입니다. 그러므로 성경에 성령을 다른 보혜사라고 말하고 있습니다.

예수님은 첫 보혜사이시고 성령님은 다른 보혜사이십니다. "다르다"란 헬라어로 "알로스"와 "헤테로스" 두 가지가 있는데, "알로스"는 똑같은 것 중의 다른 것을 말하고 "헤테로스"는 전혀 다른 것을 말합니다. 성령님은 "알로스 파라클레토스(다른 보혜사)"이시므로 예수님과 똑같은 분이십니다.

성령님은 오늘날도 예수 이름으로 죄인을 구원하고, 귀신을 쫓아내며 병든 자를 고치시고 죽은 자를 살리시며 하나님의 기적을 행하시기 원하십니다. 들것에 들려왔던 사람이 일어나서 걷고, 혹이 사라지며, 암을 고침 받는 것은 모두 하나님의 성령의 역사로 말미암은 것입니다.

이러므로 성령님은 움직이는 바람에 비유된 것입니다.

그러나 성령님은 인격자이시기 때문에 인정하고 환영하고 모셔 들이지 않으면 역사하시지 않습니다. 그러므로 우리는 성령님이 움직이시도록 준비해 드리고 역사하게 하여야 할 것입니다. 하나님의 성령이 살아서 움직이는 곳에는 예수 그리스도의 사역이 그대로 계속되는 것입니다.

셋째로, 성령을 바람에 비유한 이유는 바람은 임의성(任意性)을 가지고 있기 때문입니다. 바람은 자유로이 움직입니다. 인간이 바람을 조작할 수는 없습니다. 이처럼 성령님께서도 절대 주권적인 하나님으로서 당신이 원하시는 대로 역사하시지, 우리 임의로 성령님을 움직일 수 없습니다. 성령님은 절대 임의적이십니다.

그런데 오늘날 많은 사람들이 성령님을 이용하고 자신의 의지대로 움직이려고 하는데 이는 크게 잘못된 것입니다. 성령님은 스스로 원하시는 대로 하십니다.

그러므로 교역사업이란 하나님의 성령께 엎드려서 하나님의 성령의 뜻을 알아 그대로 순복해야 하는 것입니다. 우리는 성령에 앞서서 가지도 않아야 되며, 성령님 뒤에 쳐져서도 안됩니다. 성령님은 우리의 대장으로 오셨지 우리의 보좌관으로 오신 것은 아닙니다. 성령님은 우리를 인도하기 위해서 이 자리에 와 계시는 것입니다.

그러므로 우리는 성령님께 전적으로 우리의 의지를 내어맡기고 성령님의 인도를 받아야겠습니다. 우리는 장래에 관하여 전적으로 성령님께 의지하여야 합니다. 성령께서 지금 이 시간에 기상천외(奇想天外)한 일을 하라시면 그대로 행해야 합니다. 왜냐하면 우리에게는 성령님께 복종하는 의무만 있고 성령님과 논쟁하는 권리는 없기 때문입니다.

성령님께서는 바람처럼 우리와 같이 이 자리에 와 계십니다. 우리는 성령님을 모셔들일 수 있습니다. 성령님은 우리의 기도를 통하여서 지금 이 시간에 기적을 행하시기를 원하십니다. 우리는 성령님의 능력을 믿어야 됩니다. 성령님은 당신 마음대로 하십니다. 그러므로 우리는 "성령님이여, 나의 생애와 교회와 세계와 모든 것을 인도하여 주시옵소서."라고 기도해야 할 것입니다.

마음의 준비

"너희 몸은 너희가 하나님께로부터 받은 바 너희 가운데 계신 성령의 전인 줄을 알지 못하느냐"(고전 6:19).

우리의 무궁무진한 능력의 근원은 우리 속에 거하시는 하나님의 성령이십니다. 천지와 만물을 지으신 하나님께서는 우리를 통하여 그 모든 영광과 능력과 권세를 나타내시지만 다음의 세 가지 점에서 우리 자신이 부족하다면 하나님의 성령은 나타나시지 않으십니다.

첫째로, 마음속에 올바른 생각이 들어있어야 합니다.

여러분의 생각은 하나님의 생각에 공명해야 합니다. 산울림의 역할을 해야 합니다.

믿음의 조상 아브라함을 보십시오. "그가 하나님이 능히 이삭을 죽은 자 가운데서 다시 살리실 줄로 생각한지라"(히 11:19)고 했습니다. 그의 생각은 죽은 자를 살리시고, 없는 것을 있는 것같이 부르시는 하나님의 생각과 일치했습니다. 그렇기 때문에 노년에 하나님께서 특별히 주신 외아들 이삭을 하나님의 명령에 순종하여 제단 위의 제물로 기꺼이 내놓았던 것입니다.

인간의 오감이나 인간의 경험과 지식을 통해서 볼 때, 각을 떠서 불에 태워질 이삭이 어떻게 살아날 수가 있습니까? 그러나 아브라함은 자신의 생각과 경험은 아랑곳하지 않고 하나님의 생각을 자기의 뜻으로 생각하고 아들이 살아날 것만 굳게 믿었습니다. 그리하자 전능하신 아버지의 손길은 이삭을 상치 않고 살리셨던 사실을 우리는 잘 알고 있습니다. 그 후 하나님이 아브라함을 크게 들어 사용하신 것은 바로 아브라함의 생각이 하나님의 생각과 일치했기 때문입니다.

추호라도 부정적인 생각이나 불가능의 생각을 가진다

면 하나님의 종으로서는 낙제생입니다.

"할 수 있다."고 생각하는 사람을 하나님은 사용하실 수 있지만 "할 수 없다."고 말하는 사람은 하나님께서 사용하실 도리가 없으십니다.

복음을 증거할 때도 마찬가지입니다. "나는 이 일을 성취할 수 있다.", "성공할 수 있다."는 생각으로 말씀을 전하면 하나님은 그 생각을 통하여 역사해 주시는 것입니다.

"할 수 있거든이 무슨 말이냐 믿는 자에게는 능히 하지 못할 일이 없느니라"(막 9:23).

우리의 환경이란 우리 생각의 거울과 같습니다. 왜냐하면 오늘 한 생각은 내일의 현실로 정직하게 나타나기 마련이기 때문입니다. 이 세상 모든 물질문명을 보십시오. 하나도 인간의 두뇌를 통하지 않은 것이 없습니다.

지금 여러분은 자신의 생각을 어디에다 두었습니까. 불평, 원망, 탄식에 두지 않았습니까? 미워하는 마음, 두려워하는 생각, 죄의식, 좌절감이 여러분의 생각을 휘어잡고 있지 않습니까? 이러한 부정적인 생각을 통해서는 하나님께서 역사하시지 않습니다.

기도하고 하나님의 말씀을 읽으므로 말미암아 생각에 혁명을 불러 일으키십시오. 육신으로 태어날 때 가져온 생각, 지금까지 자라오면서 전통적으로 얻은 생각들을 근본적으로 없애버리십시오. 그렇게 한 뒤에 생각을 삼중축복으로 가득 채워놓아야 합니다.

둘째로, 성령님은 믿음을 통해서 역사하십니다. 성경에 보면, "네 믿은 대로 될지어다"(마 8:13)라고 기록되어 있습니다. 그러므로 "내가 성공한다."고 믿으면 성공하고, "내가 잘 산다."고 믿으면 그 믿은 대로 잘 살게 됩니다.

또한 "나는 못한다."고 믿게 되면 못하게 되고, "나는 실패한다."고 믿으면 실패가 자동적으로 따라옵니다. 이렇게 믿음은 생각을 바탕으로 해서 일어나기 때문에 먼저 생각이 변화되고 난 다음, 변화된 올바른 생각의 기초 위에서 기도해야 할 것입니다.

또한 우리는 믿음을 크게 가져야 합니다. 믿음을 적게 가지면 성취의 결과가 적어지고 크게 가지면 가질수록 비례하여 성취도 커집니다. 내가 여의도에다 지금의 교회를 처음 지을 때였습니다. 나는 설계사들을 불러놓고

만 명을 수용하는 제단을 짓겠노라고 말하면서 설계를 맡겼습니다. 그랬더니 건축가들이 "건축 공학상 4천 명을 수용하는 교회는 지을 수 있지만, 만 명을 수용하는 교회는 못 짓는다."는 것입니다.

그래서 의논에 의논을 거듭한 결과 종내에는 7천 명을 수용하는 제단으로 만들고 말았습니다. 그러나 항상 내 믿음은 "만 명을 수용하는 교회"였습니다. 결국 교육관을 짓고 거기에서 예배를 드림으로써 만 명을 수용할 수 있는 교회가 되었습니다.

이와 같이 믿으면 그 믿음대로 이루어집니다. 또한 기왕 믿을 바에야 굵게 믿으십시오. 굵게 믿고 크게 믿는 사람이 인생도 굵게 살고 또 크게 살아가는 것입니다.

셋째로, 꿈을 꾸어야 합니다. 성령께서는 꿈을 꾸지 않는 사람을 통해서는 역사하지 않습니다. 히브리서 11장에 나온 믿음의 조상들을 보십시오. 그들을 세상적으로 판단한다면 모두 미친 사람으로밖에 볼 수 없을 것입니다. 갈 곳도 알지 못하면서 하나님이 가라니까 무조건 가솔들을 이끌고 길을 떠나는 아브라함, 햇빛이 쨍쨍 내리쬐는 맑은 날씨가 계속되고 있는데 홍수가 난다고 배를 만들던 노아 등 좌우간 정상적으로 볼 수 있는 사람은 히브리서 11장에는 한 사람도 없습니다.

그러나 세상을 가만히 보십시오. 세상에서도 무엇인가에 미친 사람들이 전진하고 발전합니다. 정상적인 사람은 전진을 못합니다. 왜냐하면 정상적이라고 자처하는 사람들은 조상들이 물려 준 전통과 경험에만 순응할 줄 알 뿐 무엇을 새롭게 해보겠다는 독창성이 없기 때문입니다. 이것은 다시 말해서 꿈이 없다는 말입니다. 언제나 승리하고 성공하는 사람은 꿈꾸는 사람입니다.

그러나 꿈꾸는 사람은 정상적인 취급도 받지 못합니다. 왜냐 하면 꿈이란 현재에 바탕을 두고서 미래를 꿈꾸기 때문입니다. 에디슨이 전깃불을 꿈꿀 때 모두 미쳤다고 했습니다. 라이트 형제가 하늘을 나는 비행기를 만든다고 하니 세인들은 이구동성으로 미쳤다고 했습니다. 분명히 정상적인 사람들이라고는 볼 수 없습니다. 그러나 그와 같이 탁월한 꿈을 꾸는 사람들로 인하여 오늘의 문명은 이처럼 눈부시게 발전한 것입니다.

이와 같이 히브리서 11장에 있는 사람들이 세상에서 볼 때는 모두 미친 것 같지만 하나님 보시기에는 모두 올바른 사람들입니다. 그들은 모두 꿈꾸는 사람들이었습니다.

그러므로 꿈을 꾸십시오. 성령님은 꿈과 환상을 통해 역사하시는 영이시므로 꿈을 꾸지 않는 사람에게 역사하시지 않습니다. 그리고 기적도 일어나지 않습니다. 그러므로 꿈이 없는 개인뿐만 아니라 꿈이 없는 백성도 망하게 되는 것입니다.

지금 여러분에게는 무엇이 있습니까. 보리떡 다섯 덩이와 물고기 두 마리의 보잘 것 없는 현실뿐입니까? 여러분이 서 있는 바로 그 자리에서 꿈을 꾸십시오. 오천 명을 먹이고 열두 바구니 남기는 역사가 일어납니다. 현재를 바라보지 말고 현재의 위치에서 꿈의 안경을 쓰고 바라보십시오. 결과는 할렐루야로 나타날 것입니다.

효과적인 기도 방법

"그러나 나의 원대로 마시옵고 아버지의 원대로 하옵소서"

(마 26:39)

"하나님 앞에 상달될 수 있는 가장 효과적인 기도 방법", 이것은 우리 신앙의 성패를 좌우하는 매우 중요한 명제입니다. 태어날 때부터 이 방법을 터득하고 있는 사람은 아무도 없으며 오직 가르침을 받아서만 체득할 수 있습니다. 많은 사람들이 금식 기도, 철야 기도, 백일 기도 등 열심히 기도를 합니다. 그러나 기도의 정확한 길을 알지 못하면서 애쓴다는 것은 헛수고에 지나지 않습니다.

주의 종들은 이 기도의 법칙을 배운 후 성도들에게 가르쳐 줌으로써 수많은 사람들로 하여금 영적인 방황을 하지 않도록 도와주어야 하겠습니다.

첫째로, 기도에서 필요한 것은 정직한 자기 전개입니다. "나는 죄인입니다.", "나는 벌레보다도 못합니다.", "나는 만물의 찌꺼기입니다.". 이러한 기도는 자기 마음을 부정적으로 만듭니다. 하나님께 기도할 때는 정확하게 자기의 필요한 것을 전개해야 합니다. 막연한 기도는 아무런 결과도 낳지 못합니다. 세상에 보이는 모든 현상은 보이지 않는 영적 세계가 밖으로 나타난 것입니다. 부정적으로 기도하면 그 사람의 운명은 그 말대로 되고 맙니다.

그러므로 우리는 부정적이고 파괴적인 것을 가져다주는 요인이 무엇인지를 먼저 알아서 그 요인부터 제거해야 합니다. 악령은 우리에게 부정적이고 파괴적인 역사를 가져다줍니다. 마음속에서 귀신이 역사하고 있는데 어떻게 솔직한 기도가 나올 수 있겠습니까?

예수님도 막달라 마리아를 일곱 귀신으로부터 해방을

받게 하신 적이 있습니다(눅 8:2). 그런데 이 일곱 귀신을 다 가지고 있는 사람도 있지만, 누구나 한두 개는 가지고 있어서 기도에 훼방을 받습니다. 먼저 솔직한 자기전개로써 어떠한 귀신이 자신을 부정적으로 만들고 파괴하고 있는지를 파악하고 그 귀신을 쫓아내야 합니다.

그 중에 제일 처음 들어간 귀신이 아집(我執)입니다. 아담과 하와도 처음엔 하나님 중심의 생활을 하였는데 아집의 귀신이 들어오므로 말미암아 하나님 중심에서 자기 중심으로 바뀌어졌습니다. 그러자마자 하나님의 버림을 받아야 했습니다.

아집으로 기도하는 것은 소용이 없습니다. 주님은 "…… 그러나 나의 원대로 마시옵고 아버지의 원대로 하옵소서"(마 26:39) 하고 기도하셨습니다. 우리도 우리의 기도가 내 중심적인 기도인지 아닌지를 깊이 살펴야 합니다.

그 다음은 탐심입니다. 일반적인 욕심은 하나님이 주셨습니다. 먹고 싶고, 입고 싶고, 마시고 싶은 것은 정상적인 욕심이며, 이 욕심은 좋은 것입니다. 그러나 탐심은 욕심이 도를 넘어서 자기 분수 이상의 것을 탐내는 것을 말합니다. 탐심은 바로 우상숭배입니다. 이 탐심을 가지고 있을 때 정욕 귀신이 들어와서 우리의 기도를 훼방합니다.

그 다음은 거짓말 귀신입니다. 거짓말은 스스로의 인격을 분열시킵니다. 사람에게는 양심이 있어서 거짓말을 하게 되면 양심과 거짓말이 싸우므로 인격적인 분열이 일어납니다. 그렇게 되면 기도의 응답을 받을 수 없게 됩니다.

그 다음은 미워함입니다. 원한이 있는 사람의 기도가 정상적일 수 없습니다. 이 미워함은 무서운 파괴력이 되어 남을 파괴해줄 뿐 아니라 자신까지도 파괴하고 맙니다.

그 다음은 공포심입니다. 전쟁을 두려워하고, 도둑놈을 두려워하고, 싸움을 두려워하는 것은 일반적인 두려움으로 좋은 것입니다. 그러나 일반적이 두려움이 병적인 공포심이 되면 나중에는 노이로제 현상을 일으킵니다.

그 다음은 열등의식입니다. 이 열등의식도 마귀가 가져다주는 것으로 자기 자신을 끊임없이 부정적으로 만듭니다.

마지막으로는 죄의식입니다. 물론 사람에게 죄의식은

있어야 합니다. 죄를 짓고도 죄의식이 없으면 안 됩니다. 그러나 여기에서의 죄의식은 일단 하나님께 죄를 회개하고 돌이켰는데도 불구하고 죄의식에 눌려있는 상태를 말합니다.

 이상으로 일곱 귀신의 정체를 알아보았습니다. 그러므로 이제부터는 막연히 "귀신을 물리쳐 주소서." 하고 기도하지 말고 귀신의 이름을 조목조목 불러내어 쫓는 기도를 하십시오. 그렇게 하지 않으면 귀신은 떨어져 나가지 않습니다.

 주의 종들로 생활을 하다보면 남을 미워할 때도 있고, 열등의식과 죄의식에 사로잡혀 고생할 때도 있습니다. 그러나 여기에 얽매이지 말고 귀신의 정체를 예수 이름으로 불러서 쫓은 후에 기도를 해야 합니다. 그 다음에 비로소 하나님 앞에 철저히 회개하고 간구하는 자기 전개가 있어야 합니다.

 둘째로, 기도의 법칙 중에 자기 항복이 있어야 됩니다. 먼저 정직하게 자기 전개를 하고 기도의 응답을 받으려면 자기 자신을 완전히 하나님께 내어 놓아야 됩니다. 주님께서는 우리의 전 생애를 맡길 때 우리를 점령하시고 주의 뜻대로 살도록 인도해 주십시오.

셋째로, 긍정적인 기도이어야 합니다. 마음속에는 가난의식으로 가득 차 있으면서 부요하게 해달라고 기도한다거나, 남을 미워하는 마음으로 가득하면서 사랑을 달라는 기도를 한다면 하나님은 응답도 안 하실뿐더러 그런 기도는 미워하십니다.

반대로 생각은 긍정적이면서도 기도할 때는 "나는 죽일 놈입니다.", "나는 벌레 같은 인간입니다."라고 기도하는 경우가 많이 있습니다. 언뜻 생각하면 굉장히 겸손한 기도 같지만 이런 기도는 자신을 부정적으로 만드는 것입니다. 하나님께서는 이런 기도는 원치 않으십니다.

그러므로 우리는 긍정적으로 기도를 하면서 그림을 그려야 됩니다. 만약 우리가 물질을 위한 기도를 한다고 하면 하나님께서 물질을 채워주시는 모습을 마음에 그려내야 합니다. "나는 죽게 되었으니 도와주소서." 하면 하나님은 도와주시지 않습니다. 부정적인 생각으로 꽉 들어찬 사람을 어떻게 도와주십니까. 하나님은 "우리가 구하거나 생각하는 모든것에 더 넘치도록 능히 하실 이"(엡 3:20)이십니다. 그러므로 우리가 항상 긍정적인 생각을 가지고 기도를 하면 하나님께서는 풍성하게 응답해 주십니다.

넷째로, 기도의 법칙에는 받아들임이 있습니다. 대개의 사람들이 기도는 열심으로 하면서 믿지를 않습니다. 그래서 새해 첫 날 여러 가지를 하나님께 간구합니다. 그리고는 다음날 또 와서 그 기도를 합니다. 이렇게 3차, 4차 하다가 보면 일년 내내 같은 기도만 하고 있습니다. 우리는 이렇게 기도해서는 안 됩니다. 일단 긍정적인 생각을 가지고 기도를 했으면 곧 믿음으로 받아들여야 합니다. 주님께서도 기도하고 구한 것은 그대로 받은 것으로 믿으라고 하셨습니다.

"무엇이든지 기도하고 구하는 것은 받은 줄로 믿으라 그리하면 너희에게 그대로 되리라"(막 11:24).

그러므로 기도한 후에는 "하나님, 응답해 주시니 감사합니다."하고 입으로 시인하십시오. 이 "감사합니다."는 바로 하나님께서 허락하셨다는 확인 도장을 마음에 새기는 행위입니다. 그렇게 모든 기도를 응답해 주실 것을 믿으면 믿음대로 되는 것입니다.

이미지 용법

하나님을 향한 마음의 뜨거운 소원과 믿음과 기도는 우리 신앙생활의 활력소가 됩니다. 그리고 우리에게 창조적인 생활을 가져오는데 귀중한 재료가 됩니다. 그러나 그 자체가 창조를 가져오지는 않습니다. 마치 영이 환등기라면 믿음과 기도와 열망은 광채를 발휘하는 전구에 비유할 수가 있습니다. 그래서 환등기의 빛은 전구를 통하여 세상과 물질 세계, 즉 스크린을 향해 비추어 나옵니다.

그렇게 되면 "믿음은 바라는 것들의 실상이요"(히 11:1) 라는 말씀대로 믿음과 기도와 불타는 열망으로 인해, 하나님의 능력이 우리의 영광 속에서 강력하게 역사하시는 것입니다. 물론 우리의 영 속에는 성령이 와서 거하시기 때문에 성령과 우리의 영이 합쳐서 우리의 온갖 구하는 것과 생각하는 것이 세상의 스크린에 그대로 나타나게 됩니다.

그런데 아무리 환등기가 성능이 좋고 전구 장치가 잘 되었다고 하더라도 슬라이드가 없으면 스크린에는 아무 형태도 나타나지 않습니다.

이와 같이 우리의 기도와 믿음과 열망은 하나의 슬라이드를 통해서 나타나는데, 이 슬라이드가 들어가는 자리는 바로 여러분의 혼의 자리입니다. 그런데 이 혼이 하는 역할은 생각하는 것입니다. 우리의 영은 창조적인 근원, 에너지입니다. 영의 세계에서 열망하고 신념을 가지고 기도하더라도 혼의 세계 속에 분명한 그림이 없다면 슬라이드가 없기 때문에 스크린에 분명히 나타날 수가 없습니다. 그러므로 생각 속에 분명한 이미지를 가지고 있어야만 열망과 기도와 믿음을 통해서 물질세계를 만들어 낼 수 있습니다.

세상 사람들은 자신의 일생이 운명과 환경에 좌우된다고 생각합니다. 그러나 주님을 믿는 우리는 그렇게 생각하지 않습니다. 우리의 마음속에 있는 이미지가 분명한

지 아닌지에 따라 우리의 현재 환경과 미래의 창조적인 삶은 절대적인 영향을 받게 됩니다.

이 법칙을 잘 사용하는 사람은 자기의 운명을 끊임없기 개발하고 발전시킬 수 있습니다. 그러나 이 법칙을 잘 쓸 줄 모르는 사람은 인생은 단지 우연의 한 작용에 불과하다고 생각하게 됩니다. 이 세상에 우연이란 있을 수 없습니다. 왜냐하면 하나님이 사람을 만들어 놓으시고 난 후에 "만물을 정복하고 다스리라"(창 1:2)고 하셨기 때문입니다.

하나님께서 인간에게 만물을 다스리고 정복하는 권한을 주셨습니다. 그럼에도 불구하고 인간이 운명의 포로가 된다면 그것은 자기의 잘못이지 하나님의 잘못은 아닙니다.

예수님께서 "너희가 내 이름으로 무엇을 구하든지 내가 행하리니"(요 14:13)라고 말씀하신 것을 보아도 인간에게 방대한 능력을 허락하셨음을 알 수 있습니다.

성도들은 열망과 믿음을 가지고 기도를 열심히 합니다. 그러나 열심 있는 기도와는 달리 실패하는 것은 강단에서 항상 부정적인 메시지만 전하기 때문입니다. "가난하고 병들고 고생하는 것이 신앙이다."라는 잘못된 이미지를 주기 때문에 현실 생활 가운데서 만들게 되는 것은 비뚤어진 환경입니다.

이러므로 우리들은 영적인 메시지로써 혼적인 우리의 마음을 새롭게 하고, 이미지를 새롭게 하며, 큰 비전을 항상 가져야 합니다. 이렇게 세 가지 박자가 맞지 않고서는 아무 것도 이루어지지 않습니다. 영적인 생활이 없으면 에너지가 없습니다. 혼적인 슬라이드가 없으면 현실 속에 창조가 나오지 않습니다. 오늘날 하나님의 도움 없이도 예술가들은 인간적인 영감을 받고 그 혼의 슬라이드를 만들어 비추어서 현실적인 세계에 창조적인 작품을 만들어 내기도 합니다.

하물며 하나님의 강력한 능력을 가지고 있는 우리가 기도와 올바른 이미지를 통해서 이 세상에 놀라운 형체를 만들어 내는 것쯤은 그리 어렵지 않습니다.

이 세상의 물질세계라는 것도 하나님의 생각, 즉 이미지가 물질의 옷을 입었을 뿐입니다. 성경에도 "만물이 말씀으로 지어졌다"(요 1:2)고 하였는데 이 말씀은 바로 이미지입니다.

그러므로 우리들은 항상 상상 속에 이미지를 분명히 만

들어야 합니다. 이미지 없는 창조는 있을 수 없습니다. 그러므로 이미지 없이 금식 기도를 한다거나 철야 기도를 하며 자신의 소원을 이루려고 한다면 허망한 일입니다. 마음속에 뚜렷한 이미지가 없으면 아무리 몸부림치며 기도를 한다고 하더라도 그 기도의 응답은 이루어질 수가 없습니다.

왜냐 하면 그 기도는 에너지가 나가서 현실화시킬 틀이 없기 때문입니다. 뜨거운 쇠붙이를 녹여서 물건을 만들 때는 반드시 흙으로 만든 틀 속에 집어넣어서 원하는 모양과 형상을 찍어 냅니다. 그리고 알루미늄이나 금속으로 그릇을 만들 때에도 틀을 만들어 모양을 찍어 냅니다. 이 세상 만물 중에 틀 없이 만들어내는 것은 하나도 없습니다. 그러므로 생각의 이미지 없이 기도를 하면 방대한 하나님의 에너지가 우리의 기도를 통해서 흘러나왔지만 틀이 없기 때문에 허공에서 분산되어 버리고 마는 것입니다. 너무나 많은 사람들이 새벽 기도, 철야 기도로서 수없이 자신의 소원과 간구를 하나님께 아룁니다. 그러나 마음에 그리는 이미지가 분명치 않기 때문에 안타깝게도 하나님이 역사하실 수가 없습니다. 그러므로 먼저 분명한 이미지를 작정하십시오. 그리하여 그 이미지를 수첩에 그림으로 그리십시오. 그런 다음에 그 그림을 아침 저녁으로 꺼내어 펴보고 마음에 이미지를 만드십시오. 확고한 이미지가 마음속에 새겨질 때까지 기도를 하십시오. 그러면 기적은 일어나게 되어 있습니다.

하나님께서도 언제나 큰일을 하실 때에는 이미지 용법을 사용하셨음을 알 수 있습니다. 아브라함에게도 사용하셨고, 이삭, 야곱, 요셉에게도 전부 이 이미지 용법을 사용하셔서 큰일을 맡기셨던 것입니다.

그러므로 이 법칙을 마음속에 아로새겨 두십시오. 영에서 나오는 그 찬란한 빛을 혼의 슬라이드를 통해서 현실 세계를 구체화시키십시오.

지금까지는 힘쓰고 애써도 되지 않던 일들이 이제는 이 이미지 용법을 사용하므로 말미암아 창조적이고 기적적인 역사로 일어나게 됩니다. 왜냐 하면 우리 하나님의 무궁무진하신 능력은 구만리장천(九萬里長天) 멀리 계신 것이 아니라 바로 우리 마음에 계시기 때문입니다.

여러분은 오늘부터 이미지 용법을 사용함으로 생활에 창조적인 역사가 일어나고 나아가서는 삶 전체가 축복으로 넘치게 되시기를 주님의 이름으로 축원합니다.

성령의 명칭과 인격성

1 | 성령의 명칭

1) 성령

"내가 아버지께로부터 너희에게 보낼 보혜사 곧 아버지께로부터 나오시는 진리의 성령이 오실 때……"(요 15:26). "성령"은 '진리의 영'이며 '거룩한 영'이다. 곧, 죄를 멸하시고 성도를 거룩하게 하시는 영이다.

2) 하나님의 성령

에베소서 4장 30절에는 "하나님의 성령을 근심하게 하지 말라"고 한다. 성령은 하나님께로부터 나오시는 영이므로 '하나님의 성령'이라고 부른다.

3) 그리스도의 영, 혹은 아들의 영

로마서 8장 9절에는 "누구든지 그리스도의 영이 없으면 그리스도의 사람이 아니라"고 기록되어 있다. 성령은 예수님과 본질상 똑같은 분으로, 이 세상에서 예수님의 사역을 계속 하시는 분이다. 그러므로 성령을 '그리스도의 영', 혹은 '아들의 영'(갈 4:6)이라고 부른다.

4) 보혜사

요한복음 14장 16절에는 "내가 아버지께 구하겠으니 그가 또 다른 보혜사를 너희에게 주사……"라고 말하고 있다. '보혜사'라는 말은 '위로자', 혹은 '변호사'라는 뜻이다.

2 | 성령의 인격성

1) 성령의 인격성

(1) 성령은 지성을 가지고 계시다.
"성령은 모든 것 곧 하나님의 깊은 것이라도 통달하시느니라"(고

전 2:10). 즉, 성령은 지혜와 지식에 있어서 하나님과 동등하다는 것이다.

(2) 성령은 감정을 가지고 계시다.

"하나님의 성령을 근심하게 하지 말라"(엡 4:30). 즉, 성령은 우리와 같이 감정을 가지고 계시므로 우리의 죄와 불순종을 슬퍼하시며, 우리의 믿음과 순종을 기뻐하신다.

(3) 성령은 의지를 가지고 계시다.

성령은 매사에 주권적인 의지를 가지고 행하시며, 그의 뜻대로 우리에게 선물(은사)을 주시는 분이다(고전 12:11).

2) 성령과의 교제(KOINONIA)

(1) 친구 관계(Fellowship)

우리는 인격자이신 성령과 친구로서 항상 교제해야 한다. 그러기 위해서는 성경을 읽고 묵상하며 생활 속에서 성령과 항상 대화해야 한다.

(2) 동업자 관계(Partnership)

성령은 우리 동업자가 되신다. 범사에 성령을 선배 동업자로 모시고, 시종일관 성령께 의탁하며 함께 일하라. 성령은 우리와 함께 일하기를 원하실 뿐만 아니라, 범사에 지혜를 주셔서 형통하게 하시기를 원한다.

(3) 성령의 운송(Transportation)

성령은 아버지께로부터 나오는 각양 좋은 은사와 온전한 선물을 우리에게 가져다 주는 분이다. 그러므로 우리는 항상 성령을 인정하고 환영하고 모셔들이고 의지해야 한다.

(4) 성령과의 일치(Unity)

성령은 인격자이시므로, 우리가 성령을 모독하거나 소멸시키는 말과 행동을 하면 성령과의 교제가 끊기게 된다. 그러므로 항상 성령의 생각, 성령의 말씀, 성령이 행하심과 일치되는 삶을 살기 위해 힘써야 한다.

3/ 성공적인
　목회자가 되려면

사랑과 축복

로고스와 레마

내가 아버지 안에 거하고 아버지는 내 안에 계신 것을 네가 믿지 아니하느냐 내가 너희에게 이르는 말은 스스로 하는 것이 아니라 아버지께서 내 안에 계셔서 그의 일을 하시는 것이라(요 14:10)

역사적으로 볼 때 하나님의 말씀은 두 가지로 나눌 수 있습니다. 하나는 로고스가 인격화하여 우리 가운데 살아 계시는 예수 그리스도이며, 다른 하나는 창세기부터 요한계시록까지 기록된 성경입니다.

우리는 예수 그리스도를 통해서 말씀에 대한 우리의

태도에 관하여 중대한 교훈을 배울 수 있습니다. 예수님은 존재 자체가 바로 하나님의 말씀입니다.

"말씀이 육신이 되어 우리 가운데 거하시매 우리가 그의 영광을 보니 아버지의 독생자의 영광이요 은혜와 진리가 충만하더라"(요 1:14).

그런데 인격화된 로고스인 예수 그리스도께서 이 땅에 살아계실 때 마음대로 사셨느냐하면 그렇지 않았습니다. 예수님께서는 "내가 너희에게 이르는 말은 스스로 하는 것이 아니라 아버지께서 내 안에 계셔서 그의 일을 하시는 것이라"(요 14:10)고 말씀하셨습니다.

주님께서는 자기 마음대로 행하지 않고 언제나 레마를 통하여 행하셨습니다. 레마란 필요할 때마다 하나님의 성령을 통하여 들려주시는 하나님의 말씀입니다. 예수님은 하나님의 말씀이 인격화된 분이심에도 불구하고 하나님께서 말씀을 주시고 행위를 지시할 때에만 하나님의 뜻을 전하시고 행동하셨습니다.

오늘날 많은 주의 종들이 성경 여러 곳에서 말씀을 조금씩 인용하여 설교를 하고 있는데 그것이 곧 하나님의 역사를 나타나게 하는 하나님의 말씀은 아닙니다. 성경을 강의한다고 해서 하나님의 말씀일 수는 없습니다. 그것은 문자로 기록된 로고스에 불과합니다. 사람을 살릴 수 있는 가능성이 있는 로고스입니다.

그러므로 주의 종들이 성도들에게 말씀을 들려 줄 때는 기도를 많이 하고 성령의 인도를 좇아 로고스가 주의 종을 통하여 레마로 나타나도록 해야 합니다. 그럴 때 양떼들을 살리는 말씀이 되어 가치가 있게 됩니다.

주의 종들이 말씀을 증거할 때 주석책이나 읽고, 의무적으로 성경에서 몇 귀절 뽑아서 말씀을 증거하는 것은 범죄 행위를 하는 것과 같습니다. 왜냐하면 말씀을 듣는 양떼들은 자신들을 살리는 말씀인 것으로 알지만 실은 그렇지 못하기 때문입니다. 이런 면에서 주의 종들은 의사와 같습니다. 유능한 외과의사가 메스를 들면 그 메스는 사람을 살리는 메스가 되나, 무능한 외과의사는 메스로써 의사라는 이름 아래 합법적으로 사람을 죽이기 때문입니다.

이와 같이 주의 종들에게는 중대한 책임이 있습니다. 그러므로 주의 종들은 반드시 성령의 인도함을 받아서 하나님의 말씀을 펼쳐야 합니다. 성령의 인도함 없이 성경을 펼치는 것은 위험하기 그지없는 행동입니다.

심방을 갔을 때에도 성령께서 말씀을 주시지 않으면 그 가정을 위해 기도만 하고 성경을 펼치지 않는 것이 좋습니다. 문자를 들려주는 것이 사람을 죽이는 것이기 때문입니다.

예수님께서도 하나님의 성령님이 레마를 주시지 않으면 입을 다물고 말씀을 하시지 않았습니다. 주님이 빌라도의 뜰에서 심문을 당하실 때 아버지께서 주시는 레마가 없자 침묵으로 일관하셨습니다. 가나의 혼인 잔치에 포도주가 떨어진 것을 본 예수님의 어머니가 주님께 도움을 청했습니다. 그때 예수님께서 "내 때가 아직 이르지 아니하였나이다"(요 2:4)라고 하시면서 거절한 것은 레마가 임하기 전에는 비록 육신의 어머니의 부탁이라도 들어드릴 수 없었기 때문이었습니다.

이와 같이 로고스가 인격화된 예수님도 레마에 의해 일을 하셨으므로 문자로 기록된 로고스를 가진 우리는 성령의 은혜 없이 설교하는 일이 있어서는 안 됩니다. 성령과 성경말씀은 분리시킬 수 없습니다. 우리는 언제나 성령의 인도를 좇아 말씀을 들려 주어야 합니다.

우리가 신학교를 다닐 때는 성경을 학문으로 공부하는 기간이므로 레마를 기다리지 않았어도 되었습니다. 그러나 일선에 나가서 복음을 증거할 때에는 꼭 레마가 있어야 합니다. 만일 어떤 가정에 심방을 갔을 때 성령님의 인도로 레마를 받지 않으면 그 가정을 살릴 수 없습니다.

가족 중의 한 사람이 깊은 병이 들어있는 가정에 심방을 가서 물질축복에 관한 말씀을 들려 드린다면 그 말씀으로는 그 가정에 아무런 도움을 주지 못합니다. 죄를 회개하는 변화를 받아야 할 가정에는 신유에 관한 말씀은 필요치 않습니다. 주의 종들은 때와 장소에 따라 그에 적합한 말씀을 들려주어야 하는 것입니다.

그러기 위해서 우리는 어떻게 해야 할까요?

먼저 우리는 로고스를 많이 알아야 합니다. 우리가 하나님의 말씀을 모르면 성령의 영감을 제대로 받을 수 없습니다. 우리는 창세기부터 요한계시록까지 성경을 다독(多讀)하고, 정독(精讀)하여 성경 몇 페이지에는 어떤 말씀이 있는지를 소상히 알아야 합니다. 성경 말씀을 상세히 알고, 성령의 인도로 레마를 받아서 말씀을 증거하면 듣는 사람에게 필요한 말씀을 주기 때문에 그 사람에게 믿음이 생기고, 그의 믿음대로 역사가 나타나게 되는 것입니다. 이러므로, 우리는 성경을 많이 알아야 합니다.

그 다음 끊임없는 기도의 대화를 통하여 성령의 인도를 마음속에 받아들이며 우리 마음을 정결하게 하고 평정시켜 하나님의 성령이 우리의 생각을 통하여 언제나 그 뜻을 보여 줄 수 있도록 노력해야 합니다. 성령님으로부터 하나님의 말씀을 받기까지는 노련한 경험을 필요로 합니다.

그렇기 때문에 복음 전선에 나온 지 얼마 되지 않는 목회자에게는 이 일이 쉽지 않을 것입니다. 그러므로 기도를 많이 하고 성령님이 마음속에 가르쳐 주시는 하나님의 음성을 알아듣도록 노력해야 합니다. 그렇다고 하여 하나님의 음성을 듣기 위해 계시나 묵시를 받으려고 애를 써서는 안 됩니다. 하나님의 성령은 우리의 생각을 통하여 교제하십니다.

하나님의 성령께서 우리의 생각 속에 당신의 어떤 생각을 넣어 주시는지를 깊이 통찰하여 이 생각을 받아서 말씀을 가르치는 우리들이 되어야 할 것입니다.

주의 좋은 일을 잘하면 하나님의 사자(使者)가 되어 귀히 여김을 받지만, 하나님이 사용하실 수 없는 그릇이 되면 불타다 꺼져 내동댕이쳐진 나무토막 같이 버림을 받아 세상에서 쓸모없는 존재가 됩니다. 왜냐 하면 다른 사람들은 막다른 골목에 이르면 막노동이라도 해서 먹고 살지만 주의 일을 하던 사람은 노동도 할 수 없으므로 사회에 적응하기 매우 힘이 듭니다.

   이러므로 이런 점에 깊이 유의하여 로고스를 많이 알고, 성령 충만함을 받고 끊임없이 기도해서 사람들에게 성령의 인도를 좇아 레마를 들려줄 수 있어야겠습니다. 그래서 앉고 일어서는 곳마다 하나님의 뜻이 나타나고 주의 영광으로 충만하고, 사람들로 하여금 창조적이고 생산적이고 승리의 삶을 살 수 있도록 인도해야 할 것입니다.

영원한 질서와 평안

태초에 말씀이 계시니라 이 말씀이 하나님과 함께 계셨으니 이 말씀은 곧 하나님이시니라(요 1:1)

태양계의 중심은 태양입니다. 그러므로 지금도 수성, 금성, 지구, 화성, 목성, 토성, 천왕성, 해왕성, 명왕성 등이 태양을 중심으로 일정하게 돌아가고 있습니다. 이렇게 일 초의 어김도 없이 규칙적으로 돌아가는 이 천체의 궤도가 만약 조금이라도 어긋난다면 태양계는 삽시간에 거대한 혼돈 속으로 빠지고 말 것입니다.

그런데 우리 하나님께서는 온 우주의 태양으로서 예수 그리스도를 보내 주셨습니다.

"만물이 그로 말미암아 지은 바 되었으니 지은 것이 하나도 그가 없이는 된 것이 없느니라"(요 1:3).

우리의 영적인 중심은 바로 예수 그리스도입니다. 그러므로 우리의 생활 전체가 예수 그리스도 중심으로 서서 돌아갈 때는 질서와 조화와 평화가 있습니다. 그러나 한 순간이라도 우리의 관심사가 예수 그리스도 중심에서 떠나 세상의 물질, 명예, 권력으로 향할 때에는 마음속에 고통과 번뇌가 몰려오게 됩니다.

예수님께서 하루는 제자들과 함께 배를 타고 갈릴리 호수를 건너신 적이 있었습니다. 그 때 제자들은 자신들의 대화에 도취되어 주님을 곁에 모시지 않았습니다. 그러니까 주님께서는 잠을 청해 주무시게 되었습니다. 그러는 동안에 배는 깊은 곳까지 가게 되었습니다. 그때 갑자기 검은 구름이 하늘을 뒤덮고, 거센 파도가 배를 삼킬 듯 사납게 일기 시작했습니다.

인간의 힘으로는 도저히 수습할 수 없는 큰 풍랑 속에 빠지게 된 것입니다. 제자들은 파선을 면하기 위하여 안

간힘을 다했으나 소용이 없었습니다. 이렇게 혼비백산이 되어 우왕좌왕 하고 있던 제자들에게 번뜩 떠오르는 생각이 있었으니 그것은 바로 예수님이 배 안에서 주무시고 계신다는 사실이었습니다. 그래서 제자들은 허겁지겁 달려가 예수님을 깨웠습니다.

요란한 소리에 깨어나신 예수님은 풍랑에 흔들리는 배 위에 일어서시자 바다를 향해서 큰 소리로 "잠잠하라!"고 명령하셨습니다. 명령이 떨어지자 바로 성난 파도는 고요해지고 바다는 쥐 죽은듯이 잠잠해졌습니다. 그리고 배 안의 모든 것은 일시에 질서가 잡히게 되고 제자들의 마음도 평온하게 가라앉았습니다.

주님은 이 사건을 통해 우리에게 큰 교훈을 주고 계십니다. 우리들도 인생이라는 배를 타고 갈 때 자칫 잘못하면 우리의 관심사가 예수 그리스도 중심에서 다른 데로 빗나가기가 쉽습니다.

이렇게 인간의 관심사가 돈이나, 지위나, 권세나, 아내나, 남편에게 기울어지면 곧장 우리 생애 속에 번뇌의 풍파가 다가옵니다. 마음속에 오해가 다가오고, 슬픔이 다가오며, 미움이 다가오고, 고통이 다가와서 우리의 생각은 부정적으로 들어차게 됩니다. 인생을 살아가노라면 이와 같은 부정적인 파도가 할퀴고 덤벼들 때가 종종 있습니다. 그럴 때 우리는 즉시로 마음을 예수 그리스도의 말씀으로 재정비하여야 합니다. 왜냐 하면 부정적인 생각과 삶에 대한 의욕상실은 마귀가 갖다 주는 것이요, 이는 우리가 예수 그리스도의 중심에서 벗어났기 때문입니다.

인류의 조상 아담과 하와가 하나님 중심에서 인본주의인 인간 중심으로 타락하므로 말미암아 우리 역사는 죄악과 질병과 저주와 미움과 죽음으로 가득 들어찬 세대로 변하게 되었습니다. 오늘날 인간은 물질적인 환경을 편리하고 살기 좋게 만들어 놓았습니다. 그러나 정신적인 환경은 날이 갈수록 거칠어지고 메말라져서 슬픔과 미움이 들어차고 참된 삶의 가치와 평안이 사라져 가고 있습니다.

그 가운데서 우리가 개인 개인을 만나 하나님의 말씀을 전파하는 것은 바로 잠든 예수님을 깨우기 위해서입니다. 개인의 심령 속에서 잠든 예수님을 깨우고, 가정생활에서 잠든 예수님을 깨우며, 사업과 생활 속에 잠든 예수님을 깨우는 것이 우리의 사명입니다. 예수님을 깨운 후 그 발 앞에 엎드리기만 하면 그리스도께서는 개인 생활의 거친 파도를 잠잠케 하고 질서를 세워 주십니다.

예수 그리스도 없는 삶 속에서는 인간은 어떠한 수단과 방법과 노력으로 몸부림쳐도 참된 질서와 평안을 찾을 수는 없습니다.

여기에서는 누구라도 예외가 되지 않습니다. 설사 사람들의 영혼을 주께로 인도하는 주의 종일지라도, 그 자신이 주님 중심에서 이탈할 때에는 여지없이 절망의 심연 속으로 떨어지고 맙니다.

위대한 종 엘리야를 보십시오. 그렇게 위대한 종도 주님을 깜빡 잊고 초라하고 무능한 자신을 앞세울 때 이세벨 왕비에게 쫓기는 신세가 되어 결국 로뎀 나무 밑에서 죽기를 원했던 것입니다. 그러나 호렙 산에 올라가 고요히 하나님을 향하게 되자 비로소 하나님으로부터 힘을 얻고 일어설 수가 있었습니다. 그러므로 주의 종들도 끊임없는 자아 성찰과 궤도 수정이 필요합니다. 매일의 생활이 예수님 중심에서 영위되어야 하겠습니다.

지금까지의 목회생활 가운데서 나는 많은 시련을 겪었습니다. 이러한 시련을 통하여 돈도 지위도 명예도 권세도 그리스도 중심이 아닌 것은 모두가 하나의 허무한 인간의 소꿉장난에 불과하다는 것을 깨닫게 되었습니다. 왜냐 하면 세상의 모든 것을 다 소유하였으되 마음속의 기쁨과 평안을 상실하고 사는 것보다는 모든 것을 상실하였으되 그리스도 안에서 얻는 기쁨과 평안이 더 소중하기 때문입니다.

그리스도 안에서 얻는 기쁨과 평안만이 우리 인간 삶의 최대의 보화입니다.

여러분은 이 귀한 보화를 나누어 주는 영광스러운 사명자입니다. 이제 우리는 이 귀한 보배를 담은 그릇으로서 처음 주님 안에 들어온 그 출발점에서 조금도 빗나가는 일이 없도록 늘 자신을 성찰하십시다. 그리고 주님 오시는 그날까지 일직선으로 뛰어 나가는 여러분과 내가 되십시다.

"맡은 자들에게 구할 것은 충성이니라"(고전 4:2).

하나님께 쓰임을 받는 사람

자녀들아 너희는 하나님께 속하였고 또 그들을 이기었나니
이는 너희 안에 계신 이가 세상에 있는 자보다 크심이라
(요일 4:4)

주의 종들이 하나님과 성도들을 잘 섬기기 위해서는 세 가지 지켜야 할 사항이 있습니다.

첫째로, 염려와 근심에서 자신을 해방시켜야 합니다. 우리가 염려하고 근심하면 이 염려와 근심은 우리의 영적, 정신적 에너지를 고갈시켜 버리기 때문에 하나님의

일을 할 수 있는 능력을 상실하고 맙니다.

염려는 헬라어로 "멜레테우"인데 "쪼갠다"는 뜻입니다. 염려하고 근심하면 마음이 갈라져 나뉘게 되는 것입니다. 그러므로 우리는 어떻게 하든지 마음속에서 염려와 근심을 제거하여야 합니다.

그러면 어떻게 해야 염려와 근심없이 살 수 있을까요? 마음속에 근심 있는 사람은 주님 앞에 나와서 하나님의 평강이 임하기까지 기도해야 할 것입니다. 하나님 아버지께서 우리를 사랑하시고 도와주신다는 것을 마음속 깊이 깨닫게 되면 염려와 근심은 사라지게 되는 것입니다.

어떤 사람들은 너무 바빠서 하나님의 평강이 임할 때까지 기다릴 수 없다는 말을 합니다. 염려와 근심으로 마음이 갈라진 사람은 아무 일도 할 수 없고 또 하더라도 좋은 결과를 거둘 수 없습니다.

목표를 향해서 전 생명력을 쏟지 않으면 큰 일을 성취할 수 없습니다. 평안이 임하지 않았는데도 몇 마디 기도한 것으로서 다 된 줄로만 생각하고 일어설 것이 아니라 염려가 사라지고 하나님의 평안이 임할 때까지 기다리며 기도해야 할 것입니다.

이 아침 마음속에 염려와 근심이 있습니까? 하나님께서는 그 염려와 근심을 미워하십니다. 마귀는 도적질하고 죽이고 멸망시킵니다. 마귀가 어떻게 멸망시키는 줄 아십니까? 마귀는 염려케 하여 마음을 쪼개어 놓으므로 멸망시킵니다.

제2차 세계대전 동안 전투에서 사망한 미군의 수는 삼십만 명입니다. 그런데 미국시민 가운데 전쟁에 대한 염려와 근심으로 심장병에 걸려 숨진 사람은 무려 백만 명이라고 합니다. 염려와 근심은 어떤 전쟁보다도 많은 사람을 죽이는 것입니다.

염려와 근심의 해독제는 하나님의 평강뿐입니다. 하나님의 평강은 심리적으로 조작하여 얻어질 수 있는 것이 아닙니다. 평강은 오직 성령의 능력으로 하나님 보좌로부터 마음 가운데 임합니다. 그러므로 성령으로 충만함을 받으십시오. 성령을 인정하고 환영하고 모셔들이고 의지하십시오. 그리고 입으로 시인하십시오. 입술로 하나님의 평안을 시인함으로 말미암아 살아계신 예수 그리스도의 임재하심을 환경과 주위에 나타낼 수 있기 때문입니다.

그런데 마귀는 다섯 단계를 통하여 다가옵니다. 맨 먼저 마귀는 집착 관념을 가지게 합니다. 두 번째 단계는 억압입니다. 첫 번째 단계인 집착 관념은 받아들일 수도 있고 받아들이지 않을 수도 있습니다. 그러나 두 번째 억압 단계에 들어오면 우리들의 임의대로 할 수 없습니다. 공포, 불안, 절망이 엄습하여 결국 병이 일어납니다.

이 단계에서 사람들은 마귀와 투쟁하고 몸부림칩니다. 여기에서 다시 세 번째 단계로 넘어가게 되면 침울해집니다. 이 단계 때는 열심도 없어지고 삶의 재미마저 상실합니다.

그리고 네 번째 단계는 포기로써, 자기를 내어던져 버립니다. 이렇게 되면 마지막 단계로 마귀가 우리를 점령해 버리는 것입니다. 마귀가 단번에 점령하는 것은 아닙니다. 마귀는 단계적으로 점령합니다.

가룟 유다를 한 번 보십시오. 유다는 처음 돈에 대하여 강한 집착을 가지고 있었습니다. 집착 관념을 가지자, 둘째 단계로 그는 돈을 훔치기 시작했습니다. 다음에는 침울하게 되었습니다. 그래서 다른 제자들과는 떨어져 있고 불평하고 불만이 가득했습니다. 그리고 넷째 단계로써 "될 대로 되라" 하고 자포자기 하였으며, 마지막 단계에서는 마귀가 결국 그를 점령하였던 것입니다. 마귀에게 속하게 된 그는 예수님을 은 30냥에 팔고 말았습니다.

마귀는 언제나 도적질하고 죽이고 멸망시키려고 합니다. 그러나 마귀는 하나님의 평화로 둘러싸인 도성은 침범하지 못합니다. 성경에 말씀하기를 "너희 안에 계신 이가 세상에 있는 자보다 크심이라"(요일 4:4)고 하였습니다. 그러므로 모든 염려와 근심을 주님 앞에 내놓으므로 염려와 근심에서 해방되는 우리들이 되십시다.

둘째로, 우리가 하나님 앞에 사용되기 위해서는 열성이 있어야 합니다. 열성이 있는 사람은 다른 사람에게 열심을 불붙여 줍니다.

"내가 네 행위를 아노니 네가 차지도 아니하고 뜨겁지도 아니하도다 네가 차든지 뜨겁든지 하기를 원하노라"(계 3:15).

열렬히 기도하십시오. 뜨겁게 전도하십시오. 열성을 가지고 사랑하십시오. 뜨거운 열성을 가지고 하나님을 섬기십시오. 주님께서는 뜨거운 열성이 있는 사람을 주의 종으로 들어서 사용하십니다.

셋째로, 하나님 앞과 사람 앞에서 사용되려면 진실한 마음으로 사람을 사랑해야 합니다. 주의 종이라 해서 사람들에게 명령해서는 안 됩니다. 모든 사람은 하나님 앞에 동등한 인권을 가지고 있습니다. 사람들은 독재를 싫어하므로 강압적으로 누르려고 해서는 안 됩니다. 잘한 점은 칭찬해주고 못한 점은 사랑으로 고쳐줍시다. 서로가 격려하고 밀어주면서 복음사업을 펼쳐 나가야 하겠습니다.

하나님 앞에 유용한 인간이 되기 위해서는 위의 세 가지 조건이 필요합니다. 첫째 염려하지 말 것, 둘째 열렬한 열심을 가질 것, 셋째 성실성을 가지고 사람을 사랑할 것입니다. 그러기 위해서 우리는 성령세례를 받아야 합니다. 성령의 능력으로 일하지 않으면 우리는 생명이 없는 프라스틱으로 된 교회와 성도들을 만드는 일 이상은 하지 못합니다.

많은 사람들이 인간의 수단과 방법과 지혜로 교회를 세우려고 합니다. 그러한 교회는 불이 떨어지지 않았던 가인의 제단입니다. 성령이 없이는 석고화 된 예수님밖에 없습니다. 예수님은 구약의 성취(成就)입니다. 그러므로 예수님이 없는 구약은 사람을 죽이는 문자에 불과합니다.

또한 성령은 신약의 성취이기 때문에 성령이 없는 신약은 사람을 죽이는 문자입니다. 문자는 죽이는 것이요, 영은 살리는 것입니다. 약 이천 년 전에 강림하신 성령님은 우리와 함께 계시고, 우리 안에 거하시고, 우리 위에 있습니다. 그분은 인격자입니다. 인격은 인정함을 받아야 되고 환영을 받아야 되며 칭찬을 받아야 되고 또한 의지한다고 말해줘야 합니다.

여러분은 주의 성령을 인정하십니까? 환영하십니까? 모셔들입니까? 의지하십니까? 성령이 함께 하시지 않으면 우리는 허수아비에 지나지 않습니다. 성령님은 우리를 걱정하지 않게 하시고, 열성적이고 성실하게 사람과 이웃을 사랑하게 해주십니다.

유능한 지도자가 되려면

　목회자들은 대교구장, 교구장으로서 원하든 원치 않든 간에 지도자의 위치에 서 있습니다. 그런데 이 지도자의 길이란 참으로 책임이 무겁고 힘드는 길입니다. 그러나 그 책임을 완수했을 때에 남다른 영광과 보람을 느끼게 되는 것은 지도자만이 누릴 수 있는 기쁨이기도 합니다.
　한 국가의 역사를 보더라도 지도자를 잘 만났을 때는 흥왕했지만 지도자를 잘못 만났을 때는 여지없이 망하고 말았습니다. 국가의 흥망성쇠가 지도자의 지도력에 따라 좌우되는 것 같이 회사도 마찬가지입니다. 기술자가 아무리 기술이 좋고 직원들이 유능해도 지도자의 리더십이 없으면 그 회사의 진로는 수렁에 빠지고 맙니다. 그러나 경영을 주도하여 나가는 사장이나 간부들이 뚜렷하고 올바른 지도이념을 가지고 회사를 운영한다면 그 회사는 무한대의 발전을 하게 됩니다.

이렇게 지도자의 사명이 크고 막중함에도 불구하고 많은 사람들은 지도자가 되기를 원합니다. 그러나 지도자란 누구나 할 수 있는 것이 아닙니다. 지도자의 위치에 서면 끊임없이 기도하고 노력하므로 올바른 지도력을 유감없이 발휘해야 합니다. 원래 아래서 일하는 사람은 지도자의 모습을 그대로 닮게 마련입니다. 말이나 행동이나 사고방식까지 닮습니다.

그러므로 철저한 지도이념을 가지고 교구나 대교구를 지도해야 합니다. 교구나 대교구는 교구장의 리더십에 따라 각가지 모습으로 발전해 나갑니다. 실제로 어느 한 구역을 보더라도 구역장이 유능하면 그 구역은 나날이 발전하는 반면에 구역장의 지도력이 결핍된 구역은 눈에 띄게 쇠퇴하는 것을 볼 수 있습니다. 그렇기 때문에 지도자로서의 사명감을 더욱 뼈저리게 느끼고 지도력 개발에 총력을 기울여야 하겠습니다.

저는 훌륭한 지도자가 되기 위한 네 가지 조건을 제시함으로 지도력 개발에 도움을 주고자 합니다.

첫째, 누구든지 훌륭한 지도자가 되려면 타(他)의 요구를 신속하게 이해하고 해결해 주어야 됩니다. 예를 들자면, 장사하는 사람은 생산자와 수요자 간의 유통과정에서 수요와 공급이 어떻게 되어 가는가를 신속히 파악하여야 성공할 수 있습니다.

오늘날 무역에서도 해외 진출에 앞서서 그곳의 수요와 공급 과정을 과학적으로 신속히 파악하여 거기에 알맞은 대응책을 강구하고 있습니다. 그렇게 함으로써 장사도 성공할 수 있습니다.

이와 같이 타의 요구를 신속히 알아서 그 요구에 충족하는 대책을 세우지 않는 사람은 지도자의 자격이 없습니다. 성도들이 현재 무엇을 요구하며, 무엇이 필요한가를 정확히 파악하여 해결해 주기 위해서는 남보다 앞서 뛰어야 합니다. 강단에서 설교하는 목회자는 성도들이 원하고 요구하는 것이 무엇인지를 먼저 파악한 후에 거기에 알맞은 말씀을 전해야, 성도들이 바라고 원하는 것과 거리가 먼 신학이나 철학이나 윤리를 증거한다면 아무 소용이 없습니다.

내가 성도들에게 기적을 기대하라고 하는 이유는 기적을 기대하고 있는 우리 성도들의 간절한 소원을 알고 있기 때문입니다.

미국이나 유럽 사람들은 모든 것이 풍족하여 기적을 필요로 하지 않지만 한국은 모든 면에서 인간의 계산과 힘으로는 해결하기 어려운 일들이 많이 있으므로 이러한 상황 아래서 우리 민족이 정신적인 안정과 미래에 대한 소망을 가지려면 기적을 기대하는 길밖에 없습니다. 그러므로 나는 성도들에게 기적이 일어날 것을 믿도록 하는 것입니다.

가정에 심방을 갔을 때도 마찬가지입니다. 기도와 말씀으로 무장하되 그보다 먼저 그 가정에 필요한 것이 무엇인가를 파악하여 그 문제에 대한 해결 방법을 제시하므로 그 가정을 도와주어야 합니다. 아무리 좋은 하나님의 말씀이라도 시기와 장소를 적절히 구분하여 말씀을 전하지 않으면 그 효력이 나타나지 않습니다.

그러므로 끊임없이 상황 조사를 하여야합니다. 지금 성도들이 어떠한 생각을 하며 무엇을 요구하는가, 어떤 정신 자세인가를 분석해서 알아야 합니다.

둘째, 훌륭한 지도자가 되려면 남을 성공시키는 사람이 되어야 합니다. 지도자 중에도 여러 가지 유형이 있는데 그 중의 하나로서 독재자형이 있습니다. 이 독재자형의 지도자는 아랫사람을 다룰 때 개인의 의사는 일체 무시하고 자기의 명령에만 절대 순종토록 합니다. 그렇게 사용한 다음에는 아랫사람을 헌신짝처럼 버리고 맙니다.

그 다음에는 기계적인 지도자가 있습니다. 이런 지도자는 원리 원칙만 알기 때문에 인간성이란 찾아볼 수 없고 기계적으로 일만 시킵니다. 이런 지도자들은 남을 성공시킬 수 없습니다.

그러나 많지는 않으나 그 중에서 따뜻한 인간성을 가지고 남을 성공시키는 지도자가 있습니다. 남을 성공시킨다고 해서 무능한 사람을 무조건 채용하여 인정상 봐주는 것은 아닙니다. 먼저 사람들의 적성에 따라 그가 감당해 낼 수 있는 일을 맡김으로써 각자를 발전하도록 만들어 줍니다.

사람을 적재적소에서 일할 수 있도록 만드는 것은 지도자들의 할 일입니다. 그렇게 하기 위해서는 지도자는 아랫사람에게 쉬지 않고 관심을 가져주고 최선을 다해야 합니다. 그래서 유능하고 실력있는 사람은 그 실력을 바탕으로 더욱 성공할 수 있도록 도와주며, 부족하다거나 적성에 맞지 않은 사람을 만났을 때는 그 부족한 것을 보충해 주고 적성에 맞는 일을 맡기며 격려해 주고 가르쳐서 성공시켜야 합니다.

이와 같은 능력을 여러분은 유감없이 발휘하시기 바랍니다.

셋째, 유능한 지도자가 되려면 개척 정신을 가지고 끊임없이 전진해야 합니다. 대개의 사람들은 현재 이루어진 상태에서 현상 유지에 급급해 합니다. 왜냐 하면 사람들은 모험적인 것보다는 안정을 좋아하기 때문입니다.

그런데 지도자가 이렇게 안정만을 추구하며 그 단체를 이끌어 나간다면 그 지도자는 지도자로서의 자격을 잃게 됩니다. 정상적인 지도자라면 모험적이고 공격적이어야 합니다. 새로운 아이디어 개발에 몰두하여 그것을 향해 가다 보면 거기엔 많은 위험과 부담이 따르기 마련입니다. 그러나 어떤 일이든지 위험 부담이 따르지 않는 발전이란 하나도 없습니다.

지도자는 끊임없이 발전해야 합니다. 보통사람들과는

달라야 합니다. 세계적인 지도자들을 만나서 대화를 나누어 본 결과, 그들의 공통점을 든다면 모두 미친 사람처럼 보인다는 것입니다. 보통 상식으로는 이해할 수 없는 말들만 합니다. 그들은 끊임없이 새로운 것을 개발하여 현실의 껍데기를 파헤치고 나가기 때문에 현실적인 사람으로서는 그들을 이해하기가 어렵습니다.

유능한 지도자가 되려면 이렇게 남보다 앞서 생각하고 많이 일하지 않으면 안 됩니다. 대교구장, 교구장은 모두 지도자입니다. 그렇기 때문에 남보다 큰 목표를 설정하고 그 목표를 향해 온 힘을 기울이십시오. 그러면 자연히 유능한 지도자로서 성장될 것입니다.

넷째, 유능한 지도자가 되기 위해서는 자기 개발에 전력을 기울여야 합니다. 오늘의 내가 지난 해의 나보다 얼마나 개발되고 발전되었는가를 돌아보고 "어떻게 하면 좀 더 효율적으로 전도하며 능력을 더 쌓을 것인가?"를 숙고하면서 자기 개발을 위한 부단한 노력을 경주하지 않으면 안 됩니다.

지금 당신은 자신을 위해 미친 사람처럼 힘을 쓰고 있습니까? 어제의 나보다 오늘의 내가 무엇이 달라도 달라

지도록 개발을 시킵니다.

성경에 나타난 지도자나, 세계의 지도자 치고 자기 개발을 게을리 한 지도자는 한 사람도 없습니다. 모세를 보십시오. 그에게는 광야 40년의 세월이 자기 개발을 위한 값어치 있는 시간이었습니다. 바울의 아라비아 3년도 줄곧 자기개발을 위한 시간이었습니다. 또한 세계적인 정치 지도자들을 보십시오. 그들은 수없는 각고의 세월 속에서도 자기 개발만은 쉬지 않았던 것을 알 수 있습니다. 감옥에서, 병상에서, 때로는 사선을 넘나들면서도 그들은 자기 개발을 꾀하였던 것입니다.

일주일에 한 번씩 기도원에 들어가 자기 개발을 하는 것도 좋은 일입니다. 왜냐 하면 자기 개발을 하려면 자기 자신에 대한 목록 정리를 해야 하기 때문입니다. 상인이 자기 가게의 상품 진열에 대한 점포 정리가 필요하듯이 목회자들도 조용한 시간을 가지고 자신을 들여다보며 차분히 장단점을 캐내어야 합니다. 이렇게 자신의 목록 정리를 하려면 시간이 필요합니다.

요즘 회사 사장이나 중역들을 보면 자신을 돌아볼 겨를도 없이 뛰기만 하는 것 같지만 그렇지 않습니다. 바쁜 시간 중에서도 그들의 사생활을 들여다보면 놀랄 만큼 많은 자신의 시간을 가지고 있습니다. 이렇게 스스로 생각하고 묵상하며 자성(自省)하는 시간을 많이 갖지 않으면 지도자로서의 구실을 제대로 할 수 없기 때문에 그들은 자기 개발에 많은 노력을 기울이는 것입니다.

그러므로 여러분은 끊임없이 자기의 목록 정리를 하십시오. 그리고 잘못된 것을 돌이켜 반성하고 거기에 필요한 것은 책을 통해서나 이웃을 통한 조언 등으로 보충하십시오. 그리하여 자기 개발 도모에 최대한의 시간을 들이십시오.

지금까지 유능한 지도자가 되는 네 가지 조건을 말씀드렸습니다. 여러분은 현실적으로 크든 작든 지도자입니다. 그러므로 이 네 가지 조건을 끊임없이 연구하고 생활화하도록 하여 리더십을 유감없이 발휘하십시오.

이렇게 할 때 틀림없이 유능한 지도자가 될 뿐만 아니라 모든 성도들에게 성공적인 삶을 살아가게 하는 데도 결정적인 디딤돌이 될 것입니다.

말씀으로 오시는 예수님

성경의 마태, 마가, 누가, 요한복음은 우리에게 역사적인 예수 그리스도를 잘 보여주고 있습니다. 이 사복음서가 기록되지 않았더라면 하나님이 직접 그리스도라는 옷을 입고 역사 가운데 오셔서 일하셨던 모습을 우리는 분명히 알 수가 없었을 것입니다. 나는 가끔 "하나님은 어떤 분이신가?"라는 질문을 받습니다. 그때마다 나는 사복음서에 의거하여 "하나님은 예수님과 같으신 분"이라는 대답을 합니다.

그렇습니다. 인간의 생각이 입을 통하여 말로써 외부

로 표현되는 것처럼 예수님은 바로 하나님의 말씀입니다. 그러므로 보이지 않는 하나님의 존재가 예수 그리스도란 말씀의 옷을 입고 우리에게 보여주셨기 때문에 우리는 예수님에 대하여 철두철미 연구하지 않고는 하나님에 대하여 오해를 하게 됩니다.

대개의 사람들은 하나님은 장엄하시고, 엄격하시며, 거룩하시고, 무서우신 하나님으로 규정을 짓습니다. 더구나 동양인들은 '엄친(嚴親)'의 영향 때문에 더욱더 하나님을 무섭게 생각하고 멀리하려 합니다.

그러나 예수 그리스도의 생애를 통해서 보면 하나님은 결코 무섭기만 한 하나님은 아니십니다. 사복음서에 나타난 하나님은 공의로우시고, 의로우시며, 사랑이 많으시고, 성결하시며, 죄를 미워하시고, 죽음을 미워하시며 우리 가운데 구원을 가져다주시는 좋으신 하나님이십니다.

그러므로 하나님에 대한 것을 철저히 알려면 예수 그리스도의 생애를 통해서 알아야 합니다. 하나님의 내용과 하나님의 성품을 철저히 깨닫지 못하는 사람은 결코 훌륭한 목회자가 될 수 없습니다. 이러므로 여러분은 이 사복음서를 철저하게 연구해서 그리스도의 생애를 이해함으로 말미암아 그 예수님의 거울을 통해 나타난 하나님을 하나님의 백성들에게 전해야 됩니다. 구약의 하나님은 하나님의 단편적인 면만 보여 주십니다.

우리는 그리스도의 생애를 통해서 하나님을 완전하게 볼 수 있습니다. 그런데 오늘날 예수 그리스도의 나타나심은 그 방향이 달라졌습니다. 2천 년 전의 예수님은 역사적인 상황으로 오셨다가 십자가에서 죽으시고 부활 승천하심으로 자신의 모습을 감추셨습니다. 주님께서도 "세상은 다시 나를 보지 못할 것이로되 너희는 나를 보리니"(요 14:19)라고 말씀하셨듯이 전에는 역사적인 방향, 감각적인 방향에서 나타나셨지만 지금은 내적으로, 영적으로 나타나시는 것입니다.

그러면 주님께서 지금은 어떤 방향으로 우리를 통하여 내적으로 나타나실까요? 예수님은 말씀이시기 때문에 말씀을 전할 때 말씀으로 나타나십니다. 그러므로 우리는 말씀을 분명하게 전달해야 합니다. 죄 사함의 말씀을 증거하면 죄를 용서하는 예수를 나누어 주고, 성령세례의 예수를 전달하면 성령세례에 대한 예수를 나누어 주는 것입니다. 또 축복에 대한 예수 그리스도를 전도하면 축복의 예수를 나누어 주는 것입니다. 마치 예수님이 광야에서 떡을 떼어 제자들에게 주었고, 또 그 제자들이 떡 조각을 떼어 무리에게 준 것처럼 지금 우리의 손에는 말씀이 들려 있습니다. 이 말씀을 얼마나 잘 떼어서 많이 먹이느냐 하는 것은 우리의 책임입니다. 말씀을 전한다고 하면서 철학이나 문학, 도덕이나 윤리, 또는 신학이나 증거한다면 예수님은 사라져 버리고 맙니다. 예수님은 바로 말씀이시기 때문에 우리는 앉으나 서나 말씀을 공부하고 말씀을 전달해야 합니다.

그런데 예수님의 말씀은 수레를 타고 오십니다. 그것은 곧 성령을 말합니다. 예수님은 언제나 말씀 속에서 성령의 수레를 타고 나타나십니다. 그렇기 때문에 오늘날 목회는 말씀과 성령이 충만하지 않고는 실패하고 맙니다. 아무리 제도와 조직과 인간의 수단이 비상하다고 해도 주의 종이 말씀과 성령으로 충만하지 않으면 목회자로서는 실패합니다.

어떤 주의 종은 산속에 가서 무턱대고 기도만 많이 합니다. 그렇게 되면 성령은 충만할지 모르지만 성령이 신고 와야 될 말씀의 내용이 없습니다. 어떤 사람은 말씀만 자꾸 연구합니다. 그러나 아무리 말씀이 가득 들어차도 이 말씀을 다른 사람에게 싣고 갈 수레인 성령이 없기 때문에 말씀을 연구한 것이 헛수고가 되고 마는 것입니다.

언제나 예수님은 성령의 수레를 타고 오늘 우리 가운데 나타나십니다. 이러므로 목회자들은 기도를 많이 해서 성령의 충만함 속에 늘 거해야 합니다. 그 다음 성령의 충만함 가운데서 하나님의 말씀을 능력 있게 전파해야 됩니다.

남과 타협하지 말고 두려워하지 말며 분명하게 예수님의 말씀을 전파할 때 그것이 바로 예수님을 전해주는 것이 됩니다.

나는 병자를 위한 기도를 할 때 담대하게 하나님의 기적을 믿습니다. 왜냐 하면, 예수 그리스도의 이름으로 병 고치는 것은 병을 고치시는 예수님을 전해 주었으므로 예수님께서 병 고쳐 주심을 확신하기 때문입니다.

예수님은 이렇게 치료의 영이실 뿐만 아니라 부요의 영이시며 권능의 영이시며 사랑의 영이십니다. 그러므로 어떤 말씀을 전하든지 그 말씀대로 효력이 나타나게 됩니다. 부요의 말씀을 전하면 부요함이 따르고 병 고치는 말씀을 전하면 치료함이 따릅니다.

"사람이 무엇으로 심든지 그대로 거두리라"(갈 6:7).

주의 종이 무엇을 심느냐에 따라서 예수 그리스도의 어느 한 부분이 강하게 나타나기도 하고 약하게 나타나기도 합니다. 그러므로 우리가 예수님을 가장 고르게 전할 수 있는 메시지는 3중축복입니다. 영적인 그리스도를 전하면서 육신적인 건강의 그리스도도 전하고, 나아가서는 현실 생활의 그리스도도 전해야 합니다. 왜냐하면 예수님은 하나님의 영이시면서도 육신을 쓰시고 이 땅에 오셨기 때문입니다.

우리는 3중축복이란 척도를 가지고 말씀을 맛있게 요리한 후 그 맛있는 요리를 성령의 수레바퀴에 담아서 사람들에게 전달함으로써 하나님의 기적적인 결실을 얻어야만 되겠습니다.

복음 증거에는 반드시 결실을 기대해야 됩니다. 막연한 말씀을 가지고 사람들 귀나 가렵게 해주는 정도라면 그러한 주의 종은 더부살이의 삶을 산다고밖에 볼 수 없습니다. 그래서 나도 항상 자신에게 묻는 말이 있습니다.

"나는 정말 주의 종으로 부끄럼이 없는가?"

내가 만일 참으로 살아있는 그리스도의 말씀을 증거하지 않고 그리스도를 위해서 일하지 않는다면 나야말로 가장 큰 위선자가 될 수밖에 없습니다.

그러나 우리가 돌이켜서 기도하고 말씀 증거하는 일에 전심전력을 다하여 수많은 영혼을 살리는 일을 하고 있으니 우리보다 더 위대한 일을 하는 사람이 또 어디에 있겠습니까? 먹고 입고 마시고 사는 것은 아무리 해보았자 일장춘몽이요, 물거품처럼 남는 것이 없습니다. 우리는 헛된 것에 속아서 살아가는 사람들에게 참으로 잘 사는 길을 안내하는 사람이기 때문에 더욱 말씀을 연구하고 성령충만으로 무장하는 데에 게을러서는 안되겠습니다.

부지런히 말씀 공부하십시오. 그리고 어떻게 하면 살아계신 예수 그리스도를 더 잘 전할 수 있을까에 대한 연구를 게을리하지 마십시오. 분명하게 말씀을 요리해서 성경을 가르치는 데에 전념하도록 하십시오. 그리하여 여러분의 목회가 항상 발전하도록 하십시오. 여러분이 양들에게 말씀을 잘 먹이면 먹일수록 많은 열매를 맺는 축복이 쏟아질 것입니다.

크게 사용되는 종

주님께서 택하신 사도 가운데는 크게 사용하신 사도가 있는가 하면 그렇지 못한 사도가 있습니다. 베드로는 열두 제자 중에서, 그리고 바울은 이방인 중에서 크게 사용된 사도들인데 그들이 크게 쓰이게 된 이유는 어디에 있을까요?

베드로는 많이 배우지 못한 사람이고, 바울을 박식한 사람으로 지적인 면에서나 인격적인 면에서 두 사람은 현격한 차이가 납니다. 그러나 똑같이 크게 사용된 데에는 공통점이 있습니다. 오늘날도 베드로와 바울에게서 찾아볼 수 있는 요소들을 갖추기만 한다면 주님께서 크게 들어 사용하실 것입니다.

첫째로, 베드로와 바울은 열심이 있는 사람들이었습니다. 하나님께서는 주의 종으로 택하여 쓰실 때 그 사람의 인격이 얼마나 완전한가를 보시지 않습니다. 왜냐 하면 율법의 행위로 의롭다함을 입을 육체는 없기 때문입니다. 그러므로 주님께서 사용하신 위대한 종들 가운데 결점이 노출된 사람이 상당히 많습니다.

우리 교회에서는 교회 성장 연구를 위해 세계적으로 저명한 교역자를 초청하고 있으므로 유명한 목회자는 거의 다 다녀갔습니다. 그런데 그들에게서도 인격적으로는 결점을 발견할 수 있었습니다.

어떤 목사님은 강의보다는 물건 사는 데 마음이 더 있어서 강의가 끝나기 무섭게 부인과 쇼핑하기에 바쁘고, 자신이 이름난 목회자임에도 다른 훌륭한 목회자를 흉보는 사람, 심지어 강의는 제쳐 놓고 자기 일만 보는 목회자도 있었습니다. 그럼에도 불구하고 하나님께서 그들을 사용하시는 이유는 그들에게 열심이 있기 때문입니다.

하나님께서는 열심이 없는 사람은 결코 사용하시지 않

습니다. 철야도 열심히 하고 금식 기도도 많이 하고 전도도 많이 하고 눈에 불을 켜고 뛰는 사람을 사용하시지 눈에 초점도 잡히지 않는 그러한 사람은 사용하시지 않습니다. 베드로는 인격적으로 결함이 많지만 그의 열심은 대단하였고, 바울도 둘째라면 서러워 할 정도로 열심이 있었기 때문에 크게 사용하셨습니다.

둘째로, 베드로와 바울은 담대한 사람이었습니다. 주님께서는 모험적인 담력이 없는 사람은 쓰지 않습니다. 하늘나라에는 수학적인 인생관을 가진 사람은 필요가 없고 신앙적인 인생관을 가진 사람만이 필요하기 때문입니다.

"의인은 믿음으로 말미암아 살리라"(롬 1:17).

믿음의 조상인 아브라함이 갈대아 우르를 떠나 가나안 땅으로 향하는 것도 모험의 출발이고, 아무런 대책도 없이 삼백 만 이스라엘 백성들을 이끌고 광야로 나온 모세도 모험가 중의 모험가라고 할 수 있습니다. 하나님께서는 모험심이 있는 사람을 들어 쓰십니다.

목표를 크게 세운 사람에게는 큰 영감이 다가오나 목표가 작으면 영감이 다가오지 않습니다. 이렇기 때문에 여러분과 나는 담대함을 가져야겠습니다. 큰 목표를 세우고 담대하게 진행해야겠습니다.

셋째로, 베드로와 바울은 회개를 잘했습니다. 베드로는 실수가 많았으나 실수를 지적당하면 곧장 회개를 했습니다. 바울 선생도 자기의 잘못이 드러날 때는 지체하지 않고 회개를 하였습니다.

사람 앞에서나 하나님 앞에서 자기 타당화를 꾀하고 변명을 하는 사람은 버림을 받습니다. 자기가 잘못했을 때는 어린아이 앞에서라도 회개를 해야 하는 것입니다. 자신의 잘못이 드러나거나 지적당할 때는 기분이 좋지 않을 것입니다. 그러나 그것을 달게 받아들이는 마음의 자세가 되어야 합니다.

베드로, 바울 뿐만 아니라 하나님께서 크게 쓰신 종 가운데는 하나같이 회개를 잘하였습니다. 그러므로 여러분들도 회개하기를 지체하지 않아야 할 것입니다.

넷째로, 바울과 베드로의 마음의 자세는 긍정적이었습니다. 슐츠 박사가 미국의 보험회사의 실적을 수집, 통계를 낸 자료에 의하면 보험 가입자의 75%가 외판 사원 중 간부급에 해당하는 25%의 권유에 의해 가입되었음이 밝

혀졌습니다. 외판 사원이 백 명이라면 그 중 25명이 그 보험 회사 가입자의 75%를 가입시키고 있다는 것입니다.

그런데 25%에 해당하는 간부급 사원과 나머지 사원을 비교하여 볼 때 전자(前者)가 후자(後者)들보다 학력이 월등하다든가 인품이 뛰어난 것은 아니었습니다. 그래서 그 차이점이 어디에 있는가를 살펴보았더니 마음의 자세가 다른 것을 발견하였다고 합니다.

25%에 해당하는 사람은 염려하지 않습니다. 그들은 잘 웃고 쾌활하며 낙관적이고 매사에 긍정적이고 진심으로 사람들을 좋아했습니다. 그들은 직업의식으로 사람들을 만나지 않고, 사람 만나는 것 자체를 즐거워하고 있었습니다.

보험 회사 외판 사원은 집집마다 보험을 권유하러 다니고 주의 종들은 가정 가정마다 복음을 권유하러 방문하므로 서로가 일맥상통(一脈相通)한 점이 있습니다.

그러므로 우리 주의 종들도 보험회사 우수 외판사원의 성격이 구비되어야겠습니다. 우리는 낙관적이어야 하고 사람을 좋아해야 합니다. 마음의 자세가 어디까지나 긍정적이어야 합니다. 예를 들어 베드로를 한 번 보십시오.

칠흑같이 어두운 밤, 제자들이 배를 타고 갈릴리 바다를 건너가는 도중에 풍랑을 만나 괴로움을 당하고 있을 때 예수님이 물 위로 걸어오셨습니다. 뱃사람들은 유령의 울음소리를 듣거나 유령을 보면 반드시 배가 파선(破船)한다고 믿고 있습니다. 제자들 중에는 어부가 많습니다. 예수님께서 물 위로 걸어오시는 것을 유령이 걸어오는 것으로 생각한 제자들은 배가 파선되는 줄 알고 깊은 절망에 빠졌습니다. 이것을 보신 예수님께서 "나니 두려워하지 말라"고 말씀하셨지만 그래도 두려움에 떨고 있었습니다.

여기에서 주님께서 베드로를 크게 사용하신 그의 특질이 드러납니다. 다른 제자들은 가만히 있는데 베드로는 가만히 있을 수가 없었습니다. 그래서 "만일 주님이시거든 나로 명하사 물 위로 오라 하소서" 하고 고함쳤습니다. 그의 담력은 탁월합니다. 베드로의 그 말은 얼마나 위험한 말인지 모릅니다. 배 밖으로 나갔다가 만일 주님이 아니시고 유령이라면 어둡고 풍랑이 일므로 그의 시체도 못 찾을 형편입니다.

그럼에도 불구하고 예수님께서 "오라"고 하시자 배 밖

으로 발을 내디뎠습니다. 그리고 그는 다른 사람과는 다른 마음의 자세를 가지고 물 위를 걸어가기 시작했습니다. 그는 예수님께서 물 위로 걸어오라 하시니 "나는 물 위로 걸을 수 있다(I think I can walk on the water.)"고 생각했던 것입니다. 똑같은 시간, 똑같은 환경에 있었지만 제자들 중 유독 베드로만 물 위로 걸어간 까닭은 그의 생각이 긍정적이었기 때문입니다.

그런데 물 위로 저벅저벅 걸어가던 베드로가 물에 빠지기 시작했습니다. 똑같은 주님, 똑같은 파도, 외적인 것은 달라진 것이 없었습니다. 그러나 단지 베드로의 생각이 달라졌습니다. 유유히 물 위로 걸어가던 베드로가 파도와 바람을 보고 갑자기 "나는 물 위로 걸을 수 없다(I don't think I can walk on the water.)"고 생각이 달라지자 그의 몸은 물속으로 들어갔던 것입니다.

이러므로 생각이란 이렇게 중요한 것입니다. 성공과 실패는 마음속에 어떠한 사고방식을 가지느냐에 달려 있습니다. 내가 "할 수 있다."고 생각하고 그 생각을 하나님의 말씀에 걸 때 기적이 일어납니다. 그러나 "할 수 없다."는 생각으로 생각을 바꾼 다음에는 그 생각을 하나님의 말씀에 걸어도 물에 빠지는 것입니다. 주님의 말씀은 동일하나 베드로의 생각에 따라 물 위를 걷기도 하고, 못 걷기도 했습니다. 여러분의 생각은 하나님이 사용하시는 엔진입니다. 오늘날 많은 사람들이 "할 수 있다(I think I can do it.)"로 시작했다가 "할 수 없다(I don't think I can do it)"로 바꾸는 데, 그 이유는 변명이 그들의 생각을 바꾸게 합니다. 베드로가 물 위로 걷고 못 걷고는 그의 생각에 달렸습니다. 그가 할 수 있다고 생각했을 때는 물 위로 걸었습니다만 할 수 없다고 생각했을 때는 물 위로 걷지 못했습니다.

생각을 바꾼 베드로의 변명을 들어 보십시오. "바람을 보고 무서워······." 그가 할 수 있다고 생각하고 물 위를 걸을 때도 바람과 파도는 요란했습니다. 바람과 파도는 변명에 지나지 않습니다. "많은 사람들이 피서를 갔습니다. 날씨가 더워 사람들이 교회 오기를 원하지 않습니다." 그럴 듯한 말 같지만 여러분들이 변명을 받아들이면 물에 가라앉습니다.

빌립은 "주님, 광야입니다. 이백 데나리온의 떡이 필요합니다. 떡 살 곳이 없습니다." 하고 변명을 늘어놓았습니다. 그가 왜 변명을 늘어놓았습니까? 할 수 없다고 생각했기 때문입니다. 그가 할 수 없다고 생각했기 때문에 기적이 일어나지 않았습니다. 그러나 안드레는 달랐습니다. 그는 할 수 있다고 생각했기 때문에 떡 다섯 덩어리와 물고기 두 마리를 구하여 주님 앞에 가져왔고 기적이 일어났습니다.

할 수 없다는 사람과는 아무 일도 할 수 없습니다. 그러므로 여러분들은 할 수 있는 목회자가 되십시오. 사명을 주셨을 때는 할 수 있기 때문에 사명을 주신 것입니다.

변명하는 농부는 곡식을 심지 않습니다. "씨앗을 심어 봤자 싹이 나지 않을 수도 있고 싹이 나도 가뭄과 병충해에 죽을지 모르며 가을에 수확하더라도 수매가가 폭락되어 밑질 지도 모르는데 곡식 심을 필요가 어디 있는가?" 하고 곡식을 심지 않을 것입니다.

그러므로 여러분들은 열심 있는 사람, 담대한 사람, 회개 잘하는 사람, 할 수 있다(I think I can do it.)라는 긍정적인 마음의 자세를 가진 사람이 되어 훌륭한 목회자로 성공하시길 주님의 이름으로 축원합니다.

어떻게(HOW TO)

　사물을 대하거나 문제에 직면했을 때 취하는 목회자의 태도는 목회 생활의 성공과 실패를 좌우합니다. 예수님께서 제자들에게 남자만 오천 명, 여자까지 합친다면 수만 명에 이르는 사람들을 먹이라고 말씀하신 곳은 광야였습니다.

　이때에 빌립이 앞세운 것은 "만약"이라는 태도였습니다. "만약 이백 데나리온의 떡이 있으면……."이라고 말했습니다. 만약 이백 데나리온의 떡이 있다면 이 사람들을 모두 먹도록 할 수 있을 터이지만 그 많은 떡을 당장

구할 수 없기 때문에 먹을 것을 줄 수 없다고 생각한 것입니다.

그러나 안드레는 이 문제에 대해서 "만약"이라는 자세로 임하지 않고 "어떻게(HOW TO)"라는 태도를 취했습니다. "어떻게 하면 예수님의 명령을 구체화하고 실천할 수 있을까?" 하고 먼저 생각했던 것입니다.

다같은 예수님의 제자로서 똑같은 광야에서, 같은 시간에, 같은 명령을 받았지만 한 사람은 "이백 데나리온의 떡이 있었으면……." 하는 "만약"이라는 태도를 취했고, 다른 한 사람은 "어떻게"라는 방법 추구의 태도를 취했습니다. 이러한 두 사람의 태도는 천양지차의 결과를 가져왔습니다.

"만약"이라고 말한 빌립은 "만약 이백 데나리온의 떡이 있으면 이 사람들을 다 먹일 수 있을 텐데, 없으니까……." 하고 꿈만 꾸었습니다. 그러나 안드레는 먹을 것을 줄 수 있는 최선의 방법을 모색하기 시작했던 것입니다.

"먼저 우리에게 무엇이 있는지 찾아보자. 그리고 찾아서 얻은 것 위에 예수님의 축복을 빌도록 하자. 그 나음에 기적을 믿자."

이와 같이 그는 방법을 구체화했습니다.

그는 군중들 가운데에서 오병이어(五餠二魚)를 찾아내 었습니다. 그리고 그 오병이어를 예수님의 손에 얹고 축복해 주시기를 기대하였고 또 기적을 믿었습니다. 그러자 하나님의 역사가 일어나서 그 많은 사람들을 다 배불리 먹이고도 부스러기를 모은 것이 열 두 바구니에 찼습니다.

오늘날 수많은 사람들은 문제에 대하여 꿈만 꾸고 있습니다.

"나도 여의도순복음교회처럼 큰 교회를 짓고 목회를 해보았으면······."

이러한 꿈은 공원에 앉아있는 거지도 꿀 수 있습니다.

"나도 좋은 집에서 살아 봤으면······."

"큰 사업가가 되어 저런 사업체를 경영해 보았으면······."

"아! 저렇게 아름다운 옷을 입어 보았으면······."

사람들은 여러 가지의 꿈을 꾸지만 "이러이러하면 좋겠다."라는 꿈은 백일몽에 불과하게 되며 그것을 현실 상태로 끌어낼 수는 없습니다.

그러나 "어떻게 하면 사업에 성공할 수 있을까?"라고 생각을 바꾸기 시작하면 그 꿈은 현실화될 수 있습니다. 그러므로 "만약"과 "어떻게"라는 마음의 자세 사이에서 생기게 되는 결과란 하늘과 땅만큼의 차이가 있습니다.

일찍이 이 비결을 알게 된 나는 지금까지 한번도 "만약…하면 좋겠다."라는 꿈을 꾸어본 적이 없습니다. 언제든지 "어떻게"라는 질문을 던졌습니다. 그렇기 때문에 대조동의 가마니를 깐 천막 교회에서부터 제가 취한 생각의 자세는 오로지 "어떻게 하면 한국 최대의 교회를 세우고 나아가서 세계 최대의 교회를 세울 것이냐?", "어떻게 하면 전 한국을 복음화할 것인가?", "어떻게 하면 전 세계를 복음화할 것이냐?"였습니다.

"어떻게"라는 질문을 던지는 순간부터 문제들은 꿈의 자리를 털고 일어섭니다. "어떻게"라는 생각은 현실 위에다 구체화하지 않을 수 없는 정신적인 배경을 제공해 주기 시작합니다.

성공자와 실패자의 사이는 종이 한 장 차이입니다. 종이 한 장 차이란 마음의 자세와 태도를 말하는 것입니다.

결코 여러분의 생애를 "만약"이라든가 "좋겠다"라는 꿈 속에만 안주시켜서는 성공을 기대할 수 없습니다. 그것을 백일몽으로써 시간과 노력의 소모에 지나지 않습니다. "어떻게 하면 나도 할 수 있을까?"라는 질문을 던지십시오. 거기서부터 현실화할 수 있는 구체적인 방법이 나오기 때문입니다.

모든 사람의 꿈은 백일몽이 될 수도 있고 현실화 될 수도 있습니다. 꿈을 백일몽으로 돌리느냐 현실화하느냐는 바로 마음의 자세에 달려 있습니다. 빌립처럼 "만약"이라는 자세로는 아무 것도 이룩할 수 없습니다. 안드레와 같이 "어떻게 하면 꿈을 이룰 수 있을까?"라는 마음의 자세를 가지면 구체적 방안이 나오고, 그것을 시행할 때 하나님께서 꿈을 축복해 주셔서 기적이 나타나게 되는 것입니다.

사랑과 축복

 이 세상을 살아가는 사람들의 마음속에 있는 삶의 원동력 중 가장 긍정적인 것은 생명입니다. 사람은 살기 위해서 온갖 노력과 힘을 기울입니다. 이와는 반대로 가장 처참한 부정적인 세력은 죽음입니다. 죽음은 모든 존재의 종말이 된다고 사람들은 생각합니다. 산다는 것은 밝고 또한 긍정적인 것이지만 죽는다는 것은 어둡고 처참한 면만 갖고 있습니다.

 그런데 성경에는 삶과 연결된 인간 마음의 동기가 '사랑'이라고 말했습니다. 사랑은 우리에게 영생과 생명을 가져다줍니다. 그러나 죽음과 연결된 인간 마음의 동기는 '미움'이라고 했습니다. 미움은 생명과는 상관이 없지만 죽이는 것과는 밀접한 관계가 있어서 미워하는 자는 사망에 거한다고 하였습니다. 우리에게 생명을 주는 원천은 사랑이지만 죽음을 가져오는 파괴적인 힘은 미움입니다.

그러므로 우리 마음속을 사랑이 점령하면 생명의 역사가 일어납니다. 그리고 영생의 역사뿐만 아니라 치료의 역사마저 일어나게 됩니다. 우리가 하나님을 사랑하고 나 자신을 사랑하며 이웃을 사랑하면 사랑은 강력한 생명력을 유발시키는 긍정적인 동기이기 때문에 심장병, 위장병, 폐병, 관절염 같은 육체의 질병이 낫고 가정에 화평이 다가오며 모든 일이 순조롭게 잘됩니다.

그렇지만 우리가 하나님을 미워하고, 자신의 운명을 미워하며 이웃을 미워해 보십시오. 미움은 어둡고 캄캄하며 파괴적인 세력이기 때문에 하나님과 우리 사이를 산산조각으로 만들뿐 아니라 우리에게 여러 가지 육체적인 질병을 유발시키고 우리의 생활을 파괴합니다.

이 땅을 살아가는 동안 가장 긍정적인 힘은 사랑이고,

파괴적인 힘은 미움입니다. 하나님은 사랑이시므로 생명의 동기를 가졌고, 마귀는 미움이므로 파괴의 동기를 가지고 있습니다. 이러므로 우리가 부흥하고 발전하려면 사랑을 해주어야 합니다.

사람 뿐 아니라 동식물도 사랑해주면 잘 자랍니다. 미워하면 거칠어지고 파괴됩니다. 사랑에는 심지어 생명이 없는 무생물도 반응을 나타냅니다. 우리가 늘 사용하는 장롱, 책상 같은 것도 사랑해주면 반질반질하게 윤이 나지만 사랑하지 않고 내버려 두면 빛을 잃고 맙니다. 사랑은 모든 것에 생명을 주는 가장 강력한 동기입니다.

그 다음 강력한 긍정적인 동기는 축복입니다. 하나님은 사랑이시며 또한 축복이시기도 합니다. 왜냐하면 만물이 하나님께로부터 나왔고, 하나님께로부터 복을 받아 살고 번창하기 때문입니다. 그래서 우리가 축복을 하면 모든 것이 살아나고 빛이 납니다.

하나님께서 내 마음에 가장 합당한 사람이라고 칭찬하신 이는 찬양과 축복의 시를 가장 많이 지은 다윗입니다. 다윗은 인간적인 면에서 보면 찬사를 받을 만한 사람이 못됩니다. 그는 도덕적인 삶을 살지 못했고, 사람을 수없이 죽여 피를 많이 흘렸습니다. 이러한 다윗이지만 하나님께서 내 마음에 합당한 사람이라고 말씀하신 까닭은 그가 찬양을 많이 하였기 때문입니다. 그는 어떠한 사람보다도 하나님을 축복하는 말을 많이 하였던 것입니다.

축복은 사랑과 함께 긍정적인 동기이므로 우리가 하나님을 축복하게 될 때 하나님께서 강력하게 그의 임재하심을 우리에게 나타내십니다. 그리고 우리 자신을 끊임없이 축복하면 우리들의 모든 것이 살아납니다.

만일 "내 머리는 바보같아!"라고 한다면 정말 바보가 되고 맙니다. "내 위(胃)는 소화도 잘 시키고 튼튼하다."라고 말하면 여러분의 위가 새로운 힘과 용기를 얻어 소화를 잘 시킵니다.

그러므로 자신을 축복하고 이웃을 축복하십시오. 이 세상에 "복 받으십시오."라는 말을 싫어하는 사람은 단 한 사람도 없습니다. 복 받으라는 말은 누구나 다 좋아합니다. 동식물, 광물질에도 우리가 축복을 하면 축복으로써 우리에게 보답합니다. 축복은 사랑과 더불어 하나님의 창조적, 긍정적 동기입니다.

반면에 저주는 무서운 파괴력을 가지고 있습니다. 그

렇기 때문에 마귀는 저주를 사용합니다. 저주는 모든 것을 위축시킵니다. 만일 사람이 하나님을 향해 저주를 하면 하나님께로부터 버림을 당합니다. 자신을 저주하면 패배하고, 이웃을 저주하면 이웃과의 관계가 끊어지고 맙니다. 사람들은 쉽게 저주의 말을 하는데 그 저주는 자신에게 되돌아오게 됩니다. 이러므로 축복은 하나님께 속하고 저주는 악마에게 속한 것입니다.

하나님은 사랑의 하나님이십니다. 또한 모든 것에 생명을 주시는 축복의 하나님이십니다. 그러므로 사람들을 살리는 근본적인 태도는 사랑과 축복입니다. 우리는 이 사실을 잊어서는 안 됩니다. 여러분들이 사랑과 축복의 동기를 가지고 사람을 대하면 어떠한 사람이라도 움직일 수 있습니다. 단 사람에 따라 시간이 더 걸리고 덜 걸리는 그 차이가 있을 뿐입니다. 인간의 마음을 움직이는 열쇠는 사랑과 축복입니다.

사람은 축복과 사랑의 근본이신 하나님의 형상과 모양대로 지음을 받았기 때문에 누구나 다 사랑받기를 원하고 축복 받기를 원합니다. 그러므로 자신이 행복해지고 수위의 사람을 행복하게 하고 또 일하는 대상을 행동화시키기 위해서는 사랑과 축복의 말을 하십시오.

사랑과 축복의 말은 모든 사람을 살립니다. 사랑과 축복으로 생명이 생기면 모든 행동이 빨라져 효율적으로 일을 하게 되어 아주 좋은 결과를 낳게 합니다. 그러나 미움과 저주의 말은 움직임을 덜게 하며 생산과 창조를 그치게 합니다.

이러므로 여러분들이 사람을 대할 때 사랑과 축복으로 대하고 말을 할 때에도 사랑과 축복의 말을 하십시오. 그렇게 할 때 온 세상은 긍정적인 밝은 빛으로 충만하게 될 것입니다. 사랑과 축복을 원동력으로 삼고 움직이는 사람은 집 안에 들어오면 집안이 축복으로 가득하고 밖에 나가면 밖이 복을 받습니다. 이러한 사람이 다른 사람들과 자리를 같이하게 되면 화목하게 되고 그 자리에 기쁨이 넘칩니다. 그리고 사랑과 축복을 동기로 삼고 사는 사람에게는 사랑과 축복의 근원이 되시는 하나님이 함께 하십니다.

그러나 미움과 저주를 동기로 삼고 사는 사람에게는 모든 것이 회색빛이 되고 스스로 지옥과 무덤을 파고 있는 것입니다.

여러분들이 예수님을 믿으면 사랑의 태양, 축복의 태양을 마음속에 간직한 것이 됩니다. 그러므로 사랑하는 자는 예수님 안에 있고 사랑하지 않는 자는 예수님 밖에 있는 것입니다.

예전 기독교 관련의 신문에서 한국의 기독교가 샤머니즘적이라고 쓴 어느 목사님의 글을 읽었습니다. 그 목사님은 사람들이 축복받기 위해 교회를 가기 때문에 한국의 기독교가 샤머니즘적이라고 하는데, 그 분은 성경을 잘못 알고 있습니다. 성경 신명기 28장에 보면 분명히 복의 근원은 하나님이시고 하나님께 순종하므로 복을 받는다고 기록되어 있습니다.

신약성경에서도 예수님을 믿는 사람은 천국에 들어간다고 기록되어 있습니다. 이것은 축복에 대한 사람들의 가장 큰 욕심입니다. 우리는 이 세상 사는 동안 축복받는 것을 원할 뿐만 아니라 천국에서 누릴 영생의 소망까지 가지고 있으니 축복에 대한 욕심이 얼마나 강하다는 것을 잘 말해 주고 있습니다. 사람들은 축복에 대한 끝없는 욕망을 가지고 있습니다.

오늘날 마음의 생각과 입에서 나오는 말이 이율배반적

인 목사들이 얼마나 많은지 모릅니다. 축복을 받으러 교회에 가기 때문에 샤머니즘적이라고 하지만 교회에서 축복을 받지 못하면 그들도 교회에 나오지 않을 것입니다. 인간은 하나님의 형상과 모양대로 지음을 받았기 때문에 사랑과 축복에 갈급합니다. 그렇기 때문에 사람들은 심지어 나무나 돌로부터 복 받기를 빌고 있습니다. 이러므로 교회는 사람들에게 축복의 길을 올바르게 인도해 주어야 합니다.

금요철야예배 때 많은 사람들이 축복을 받으러 교회에 왔다가 예수님을 믿게 되었다고 간증하는 것을 들었습니다. 인간은 열두 번 죽은 후 살아난다 하더라도 사랑받기를 원하고 축복 받기를 원합니다. 이러한 소원이 있어야 인간은 열심히 일하게 됩니다.

그러므로 그리스도 안에서 이를 올바르게 개발하고 개척할 때 사랑을 받고 축복을 받아 참 삶의 코스에서 살아갈 수 있는 것입니다.

믿음 · 소망 · 사랑

주의 종들은 목회 생활의 중점적인 목표를 모든 성도들로 하여금 믿음의 사람들로 만드는 데에 두어야 합니다.

하나님의 형상과 모양대로 지음을 받은 인간의 근본 성품은 믿음과 소망과 사랑입니다. 그러므로 마귀는 인간에게서 믿음과 소망과 사랑을 제일 먼저 빼앗으려고 합니다. 에덴동산에 있는 아담과 하와를 찾아온 사탄은 그들 속에 의심을 넣어주고 하나님을 믿지 못하게 하고 소망을 빼앗고 하나님을 사랑하지 못하게 하였습니다. 그 결과 아담과 하와에게는 파멸만이 기다리고 있었습니다.

오늘날에도 개인이나 가정에 있어서 믿음과 소망과 사랑을 제하여 버린다면 개인과 가정은 붕괴되고 맙니다. 이와 반대로 아무리 처절한 절망 가운데 있는 사람이나 가정이라 할지라도 하나님에 대한 믿음과 소망과 사랑을 불어넣어 줄 수 있으면 그 사람과 가정은 복구되어 새로운 삶을 영위할 수 있게 되는 것입니다.

그러므로 마귀는 사람에게 무엇보다도 먼저 의심과 공포를 넣어주려고 합니다. 의심과 공포로 말미암아 하나님에 대한 믿음을 잃게 되면 연쇄적으로 소망도 가질 수 없게 되고 사랑도 잃게 되기 때문입니다.

우리가 심방을 가보면 많은 사람들이 공포심으로 말미암아 적지 않은 고통을 받고 있는 것을 알 수 있습니다. '파산하지 않을까, 직장에서 해고당하지 않을까, 신뢰를 잃어버리는 것이 아닐까, 버림받지 않을까?' 하는 가지가지 공포의 노예가 되어 있습니다.

이러므로 복음을 증거하는 우리들이 가장 먼저 의무적으로 해야 되는 일은 하나님의 풍성한 약속의 말씀을 가지고 사람들의 마음속에 마귀가 부설(敷設)해 놓은 공포심이라는 폭탄을 제거하는 것입니다.

내가 늘 성도들에게 "하나님은 좋으신 하나님이십니다. 좋으신 하나님을 믿으십시오."라고 외치는 까닭이 있습니다.

"너희 중에 누가 아들이 떡을 달라 하면 돌을 주며 생선을 달라 하는데 뱀을 줄 사람이 있겠느냐 너희가 악한 자라도 좋은 것으로 자식에게 줄 줄 알거든 하물며 하늘에 계신 너희 아버지께서 구하는 자에게 좋은 것으로 주시지 않겠느냐"(마 7:9-11).

좋으신 하나님에 대한 말씀을 계속 들려줌으로써 마귀가 사람들의 귀에 속삭이며 넣어준 공포를 없앨 수 있기 때문입니다.

성도들에게 좋으신 하나님이심을 증거하는 것이 여러분들로 하여금 성공적인 목회를 하게 하고, 보다 많은 사람들을 주께로 인도하는 결정적인 요소가 됩니다. 그런데 그보다 앞서 먼저 여러분 자신이 좋으신 하나님에 대한 인식을 가짐으로 공포에서 벗어나야 합니다. 자신이 공포에 빠져 있으면서 다른 사람을 공포에서 벗어나게 한다는 일은 있을 수 없는 일입니다. 좋으신 하나님을 삶의 사원으로 삼고 하나님과 더불어 여러 가지 문제를 해결하므로 공포심에서 자유를 얻고 그 자유를 바탕으로 하여 내일에 대한 끝없는 소망을 가지고 하나님을 더욱 더 사랑하는 사람이 되어 있지 않으면 다른 사람에게 아무런 도움도 줄 수 없습니다.

인간은 자신이 공포심에서 해방되고 내일에 대한 소망이 뚜렷해지며 사랑이 넘치게 되면 자기가 가진 것을 빼앗기지 않으려고 윤리와 도덕도 지키게 됩니다. 그러나 믿음과 소망과 사랑을 잃어버리면 윤리와 도덕도 지키지 않게 됩니다.

주의 종들은 사람들에게 믿음을 보급시키고 소망을 불러일으키며 사랑을 복구시켜 주는 일을 하기 위하여 하나님의 부르심을 받았습니다. 그러므로 우리는 우리들에게 맡겨진 사명의식을 투철히 하고 이 사명을 다하기 위하여 철저한 연구를 하여야 할 것입니다.

여의도순복음교회가 크게 부흥하게 된 이유는 우리 교회에서 복음으로 성도들의 마음속에 믿음, 소망, 사랑을 철저하게 일으켜주기 때문입니다. 이 복음의 집약(集約)이 바로 삼중축복입니다.

"네 영혼이 잘됨같이 네가 범사에 잘되고 강건하기를

내가 간구하노라"(요삼 1:2).

이 삼중축복으로 성도들의 마음속에 믿음, 소망, 사랑을 갖게 함으로써 타(他)의 추종을 불허(不許)하는 교회로 성장하게 된 것입니다.

1973년 서대문에서 여의도로 나올 때 우리 교회의 성도 수는 8천 명이었고 출석 교인 수는 7천 명에 불과했습니다. 그러나 지금은 성도 수가 78만 명에 가깝습니다. 매년 마다 성도 수가 만 명이 늘어난 셈입니다.

한 번 생각해 보십시오. 예전에 여의도는 시내 중심가와 떨어져 있었고 겨울에는 거센 강바람이 불어와 다른 곳보다 훨씬 추웠습니다. 이런 저런 핸디캡이 있음에도 불구하고 매년 성도 수가 만 명 씩이나 불어나게 된 주요 원인은 교회가 성도들의 마음속에 변화를 주었기 때문입니다. 그렇지 않다면 도중의 수많은 교회들을 지나치고 우리 교회까지 오지는 않았을 것입니다.

성도들은 교회 건물이 크기 때문에 몰려오는 것도 아닙니다. 대교구, 소교구로 나뉘어 교구 편성이 잘 되어 있기 때문에 모이는 것도 아닙니다. 눈, 비가 내려도 버스를 두 번, 세 번 갈아다고 우리 교회까시 오는 이유는 자유케 하는 '메시지'가 있기 때문입니다.

　메시지가 없는 종은 무용지물입니다. 그러므로 주의 종들은 자신의 사명을 잘 깨닫고 메시지 연구에 박차를 가하여야 할 것입니다. 자기의 사명을 모르는 사람에게는 창세기부터 요한계시록까지의 성경말씀이 아무런 도움을 줄 수 없습니다. 나는 강단에 설 때마다 사람들의 고난과 공포를 제거해 주고 믿음과 소망과 사랑을 넣어주겠다는 목표를 가지고, 삼중축복의 말씀을 전하였기 때문에 우리 교회가 눈부신 발전을 거듭하고 있는 것입니다.

　그러므로 허공에다 주먹을 휘두르는 것 같은 막연한 메시지는 전하지 마십시오. 사명의식을 투철히 한 다음 메시지를 전하여야 합니다.

　오늘날 전 세계에 결정적으로 필요한 것은 순복음입니다. 즉 삼중축복입니다. 우리는 특정한 사람들에게 칭찬받고 인정받기 위하여 부름받은 것은 아닙니다. 우리는 고통에 처한 많은 사람들을 구하기 위한 메신저로 보냄을 받았습니다. 우리는 어떻게 하면 보다 많은 사람들에게 믿음과 소망과 사랑을 복구시켜 줄 수 있는지에 대해 전력을 다해야 하는 것입니다.

"믿음, 소망, 사랑 이 세 가지는 항상 있을 것"(고전 13:13)이라고 하였습니다. 심판 날에 다른 것은 다 불타도 여러분들이 사람들 마음속에 믿음, 소망, 사랑을 넣어준 공력은 영원히 남을 것입니다.

복음 증거의 목적

　　복음 증거의 가장 궁극적인 목적은 사람들의 영혼을 구원시켜서 영생에 이르게 하는 것입니다.

　　많은 사람들이 세상을 살아가면서 "인생을 살아가는 목적이 무엇이냐?"는 질문을 서로 주고받습니다. 인생의 목적에는 근원적으로 대단히 심오하고 깊은 무엇이 있는 것처럼 생각합니다. 그러나 실상은 그렇지 않습니다. 단적으로 표현해서 인생의 목적은 이 세상을 살아가는 것입니다. 그러나 이 세상을 살아간다는 것, 이것에 대한 해석은 대단히 중요합니다.

그런데 사람들은 단순히 잘 먹고, 잘 입고, 즐겁게 사는 것밖에는 더 이상 추구할 것이 없다고 생각하고 있습니다. 인생을 사는 데 근원적인 의식주 문제가 해결되면 이제는 "어떻게 인생을 즐길 것인가?"에 몰두합니다. 그래서 취미 생활을 하고 정치에도 관여를 합니다. 더욱이 요즘 선진 국가의 국민일수록 시간이 많이 남아돌아서 고민을 하고 있습니다. 왜냐 하면 전에는 인간이 손수 밥을 끓이고 빨래를 하고 물건을 나르고 하였지만 지금은 문명이 고도로 발달해서 인간이 하던 모든 일을 기계가 대신 해주기 때문입니다.

그래서 이제는 밤낮 "어떻게 하면 아름답게 살 것인가?", "어떻게 하면 멋있는 인생을 살 것인가?"를 생각하게 되었습니다. 이렇게 열락(悅樂)을 추구하다 보면 세월은 흐르고 인생은 늙게 되어 아무 의미 없이 죽어버립니다. 이것으로 인생은 끝이 나며 그 후에는 세상에서의 즐거움이나 쾌락은 아무 위로도 주지 않습니다.

이와 같은 인생의 단면을 주님께서는 비유로 말씀하시고 인생들에게 경고하고 계십니다.

"한 부자가 있어 자색 옷과 고운 베옷을 입고 날마다

호화롭게 즐기더라"(눅 16:19).

여기에 부자는 먹고 입고 사는 데 대한 문제는 이미 해결된 사람으로서 부귀영화에 도취되어 세상을 쾌락일변도로 사는 사람인 것 같습니다. 그러기에 날마다 호화롭게 즐기더라고 표현하고 있습니다. 그런데 예수님께서는 그 부자가 죽은 후에는 음부에 내려갔다고 말씀하셨습니다.

여기에서 우리가 깊은 관심을 기울여야 할 것은 부자가 세상에 살면서 보이는 세계만이 전부인양 세상과 물질을 위해 심혈을 다 기울여서 화려하게 사는 것만 알았지 인간의 죽음 후에 반드시 찾아오는 하나님의 심판에 대해서는 믿지 않았다는 점입니다.

이렇게 하나님께서 성경을 통해서 사후(死後)의 심판에 대하여 경고함에도 불구하고 오늘날 세상 사람들은 죽음에 대해서는 심각하게 생각하기는커녕 언급하기조차도 싫어합니다. 사실 이 죽음이란 것은 우리 인생에게는 가장 절박한 문제입니다. 인간의 가장 궁극적인 목적은 "어떻게 잘 사느냐?"가 아니라 "하나님 앞에서 어떻게 잘 죽느냐?"입니다. 그런데 세상 사람들은 삶의 목적과 방법을 혼돈하여 살아가고 있는 것입니다.

이것은 마귀가 사람을 혼미케 하는 가장 큰 무기입니다. 사람들이 매일매일 죽어가는 인생들의 행렬을 보면서도 죽음에 대하여 무관심한 것은 마귀가 가져다 준 생각 때문입니다.

바로 이런 생각들을 우리는 하나님의 말씀으로 바꾸어 주어야 합니다. 그러므로 주의 종들은 하나님의 말씀에 의지하여 사후의 실상에 대해서 담대하게 전파해야 합니다.

우리가 이렇게 애쓰면서 하나님의 말씀을 전하는 궁극적인 목적은 저들을 영생의 길로 인도하고자 하는 데 있습니다. 세상의 연락에 취해 사는 사람들에게는 사후에 음부에 대해서 가르쳐주고 영생의 길로 선도해야 합니다. 이것이 우리의 할 일이며 복음의 목적입니다.

그런데 오늘날 현대주의자나 신신학자들은 세상을 성공적으로 잘 사는 방법에 대한 신학적인 해결 방법만 제시하고, 그 다음 죽음 건너편의 세계에 대한 사실은 알 수 없다고 하여 부인해 버리는데 이는 큰 잘못입니다.

그러나 우리는 먼저 죽음 건너편에 일어날 영생의 문제를 해결한 다음, 그 위에 세상을 사는 문제와 연락의 문제를 해결해 주는 데에 복음의 목적을 두고 있습니다.

그런데 성경 누가복음 16장에, 앞의 부자와는 전혀 대조적인 삶을 산 사람의 모델이 있으니 바로 거지 나사로였습니다. 그는 이 땅에서 먹고 사는 문제는 그 부잣집 상 밑에 떨어지는 부스러기를 얻어먹음으로 해결하였습니다. 그러므로 거지 나사로의 생애를 보면 결코 행복한 인생을 살았다고는 할 수 없습니다. 그러나 주님께서는 그가 죽은 후에 영생의 천국으로 들려 올라갔다고 하셨습니다.

그렇다고 해서 우리가 무조건 가난하거나 불행해야만 천국에 간다는 것은 아닙니다. 여기에서 나사로의 비참한 생활이 천국 가는 조건이 된 것은 아닙니다. 그는 비록 이 땅에서 행복한 생활을 못 누렸지만, 생의 참 목적을 깨달아서 내세를 준비한 사람임에는 틀림이 없습니다.

이로써 우리는 이 땅에서 사는 동안 참 삶의 목적을 어디다 두느냐에 따라 낙원에서 지식과 감정과 의지의 인격적인 존재로서 사느냐 아니면 영원한 음부의 불 속으로 떨어지느냐로 구분되어집니다.

우리가 복음을 증거할 때 성도들로 하여금 삶의 참 목적을 알게 하는 것이 첫째 의무요, 그 다음은 삶의 방법을 가르치는 것인데 이것을 소홀히 해서는 안 됩니다. 한

번 뿐인 인생길을 슬프고 가난하게 살기보다는 즐겁고 행복하게 살아야 하지 않겠습니까?

주님께서는 우리의 내세만을 위해서 계신 분은 아닙니다. 좋으신 하나님께서는 우리가 현실에서도 풍성하게 살며 또한 얼마든지 연락을 취하며 살기를 원하고 계십니다. 그래서 주님께서는 개인 개인에게 찾아오셔서 가난한 자에게는 물질 축복으로 부요하게 하시고, 병든 자에게는 건강으로 축복하시며, 생활의 잡다한 모든 문제들을 해결해 주심으로 삶을 성공적으로 이끌어 주십니다.

그러나 주님께서는 언제든지 이렇게 축복 주시기를 원하시지만, 한 가지의 조건부로 문제들을 해결해 주시고 축복하십니다. 그 조건이란 다름이 아니고 영생의 문제를 먼저 확고히 해결한 뒤에 그 삶의 생애 전체를 책임지겠다는 것입니다.

"너희는 먼저 그의 나라와 그의 의를 구하라 그리하면 이 모든 것을 너희에게 더하시리라"(마 6:33).

오늘도 하나님을 모르고 세상의 쾌락에 도취되어 살다가 그 속에서 죽어가는 영혼들이 얼마나 많은지 모릅니다. 시편 기자도 "인생은 그 날이 풀과 같으며 그 영화가

들의 꽃과 같도다 그것은 바람이 지나가면 없어지나니 그 있던 자리도 다시 알지 못하거니와 야훼의 인자하심은 자기를 경외하는 자에게 영원부터 영원까지 이르며 그의 의는 자손의 자손에게 이르리니 곧 그의 언약을 지키고 그의 법도를 기억하여 행하는 자에게로다"(시 103:15-18) 라고 인생론을 설파하고 있습니다.

그러므로 주의 종 여러분은 하나님의 메시지의 궁극적인 목적은 사람을 주께로 인도해서 영생을 얻게 하는 데 있다는 것을 알아야 합니다. 어떤 성도들은 병을 고치기 위해서, 물질의 축복을 받으려고, 위로와 격려를 받기 위해서 예수님을 믿는다고 합니다. 이것은 위험한 신앙관입니다. 하나님께서는 우리에게 병을 고쳐 주시고, 물질의 축복을 주시며, 삶의 기쁨을 주시는 것은 우리가 영생의 문제를 해결하고 난 뒤에 부수적으로 주시는 은사에 불과합니다.

이러한 잘못된 신앙관을 바로 여러분과 내가 메시지를 올바르게 전함으로써 선도해야 됩니다. 그러므로 우리가 하나님의 참 뜻을 잘 알아서 메시지의 목적을 분명히 깨달아 증거할 때 사람들의 영혼은 올바르게 구원받으며 우리의 목회도 성공적으로 발전할 것입니다.

믿음의 분량대로

목회자들은 각양각색의 환경과 생각을 가진 사람들을 하나하나 대하고 대화를 하면서 그들에게 말씀을 증거해야 합니다. 그럴 때마다 "주의 종은 성경 뿐 아니라 모든 것에 만물박사가 되어야겠다."는 인간적인 생각을 하게 됩니다. 그렇다고 정치적인 지식과 경제적인 지식 등에 대해 관심을 가지고 세상 지식을 고루 얻으려다 보면 정작 연구하고 깊이 파고들어야 할 성서에는 등한히 하게 됩니다.

주의 종이 이렇게 되면 결국에는 이것도 저것도 안 됩

니다. 하나님이 특별히 택하여 주셨으니 철저하게 성령님이 시키는 대로 해야 합니다. 하나님의 성령께서 시키시는 그대로 나가지 않고 인간적인 생각대로 목회를 하려고 하면 결국 하나님 앞에서 낙제생이 되고 맙니다.

이러므로 주야로 성경말씀을 연구하고 하나님 앞에 간절히 기도해서 성령님의 계속적인 인도를 받아야 합니다. 여러분은 신학자가 안 될지도 모릅니다. 그리고 철학자가 되지 못하거나 세상의 지식에 능통하지 못할지도 모릅니다. 그러나 하나님의 말씀을 아는 데는 누구보다 전문가가 되어야 합니다.

하나님께서 주의 종을 택하실 때 만물박사를 부르시지 않으십니다. 하나님께서는 각 사람에게 일할 분량을 모두 나누어 주십니다.

"마땅히 생각할 그 이상의 생각을 품지 말고 오직 하나님께서 각 사람에게 나누어 주신 믿음의 분량대로 지혜롭게 생각하라"(롬 12:3).

예수님께서 이렇게 각 사람에게 나누어 주신 분량대로 지혜롭게 생각하며 충성을 다하라고 하셨습니다. 하나님의 교회는 마치 다듬지 않은 다이아몬드 같아서 그 모습을 깎아 나가는 것으로 자기의 할 분량을 다 해야 합니다. 하나님의 섭리는 우리가 태어나기 전부터 예비되어서 우리의 자라나는 환경과 생활의 배경을 형성해 주셨으며, 우리의 일할 분량까지 다 정해 놓고 계십니다.

그러므로 자기의 틀을 임의대로 벗어나려고 하나 벗어날 수가 없습니다. 하나님이 나를 위해 만들어 놓으신 그 틀에 정확히 들어가서 충성을 다해야 하나님으로부터 축복을 받게 되는 것입니다.

나는 목회를 하면서도 공부를 열심히 하여 학자가 되어 보겠다는 생각을 했습니다. 그러나 하나님께서는 기도 중에 말씀하셨습니다. "너는 남은 인생을 목사로서 충성하기 바란다. 나는 너의 학자가 되는 길, 의사가 되는 길을 이미 막아 버렸다. 너는 목사다. 그러므로 목회에 전념하라. 성경을 열심히 연구하고 많이 기도하라. 그래서 너의 양무리를 살찌도록 먹여라. 이것이 너의 본분이다."

나는 이 말씀을 듣고 난 이후로 성경말씀 공부와 기도에 몰두하고 양무리를 먹이는 데 중점을 두었으므로 하나님의 크신 축복을 받고 있습니다.

이와 같이 사람은 마음에 항상 탐욕이 가득하여 그 남

욕을 따라가다 보면 대부분 허송 세월을 보냅니다. 하나님께서 각 사람에게 주신 분량이 있는 데도 욕심이 많아서 여러 개를 한꺼번에 잡으려고 이리 뛰고 저리 뛰다가 아무 것도 못 잡고 허무한 인생을 마치는 사람이 많이 있습니다.

그러므로 여러분은 각자의 위치에서 "하나님이 나를 어떻게 부르셨는가?"를 깊이 생각하고 그 일에만 몰두하십시오. 여러분이 기도의 용사로 부름 받았으면 깊은 기도 가운데서 하나님께 충성하고, 교사로서 부름 받았으면 가르치는 일에 전념해야 합니다. 그리고 목회자로서 부름 받았으면 부르신 대로 양을 돌보고 몸 된 성전을 지키며, 또 부흥사로 부름 받았다면 부흥사의 일에 전심전력을 기울여야만 합니다.

그렇지 않고 하나님이 주신 분량을 넘어 남의 믿음의 분량을 흉내내려고 하다가는 그 사람은 완전히 절름발이가 되어 목회에도 실패해 버리고 맙니다. 그러므로 우리는 하나님이 주신 믿음의 분량 안에 거하면서 그 안에서 열심히 정진을 해야 할 것입니다.

오래전에 나는 미국에 갔다가 잠시 생각을 잘못함으로

내 믿음의 분량에서 이탈할 뻔했습니다. 넓고 넓은 대륙인 미국에 가서 복음을 전파하다 보니 내 조국 한국 땅이 너무 작아 보였습니다.

그러던 차에 미국에 영주하면서 전 세계를 무대로 하여 주의 말씀을 전파하라고 권면하는 사람들이 있어서 조용히 기도하기 시작했습니다. 그러자마자 하나님의 음성은 "한국으로 돌아가라. 내가 너에게 준 믿음의 분량은 한국에 있지 미국에는 없다."는 것이었습니다. 그래도 미련을 버리지 못한 나는 "미국에서 주의 일을 하면 하나님 아버지의 영광을 더 높이고 더 큰 일을 할 수 있지 않습니까?" 하고 내 주장을 폈습니다. 그러나 하나님의 명령은 추상같이 "조국으로 돌아가라."는 것입니다.

여기에서 나는 "하나님께서는 위대한 일이나 큰일을 바라는 하나님이 아니라 하나님께서 원하시는 그 자리를 지키는 것을 원하시는 분이시다. 그러므로 그 자리를 뛰어 넘어 위대한 일이나 큰일을 하려는 것은 주의 뜻이 아니다."라는 것을 분명히 깨닫게 되었습니다.

그 사실을 깨닫고 보니 아무리 큰일이나 위대한 일일지라도 하나님이 원하시지 않는 일이라면 아무런 가치가 없다는 것을 마음속 깊이 알게 되었습니다. 이러므로 주의 종으로 부름 받은 사람에게 가장 중요한 것은 하나님의 뜻에서 어긋나지 않아야 한다는 것입니다.

"내가 얼마나 큰일을 하고 있는가!"라는 생각은 하나님께서 원치 않으십니다. 큰 일과 위대한 일을 하려면 능력의 하나님께서 못하실 리가 없습니다. 그러나 하나님은 우리를 통해서 역사하시려고 자신이 원하는 그 곳에 우리를 두십니다.

어느 유명한 부흥사의 간증을 들었는데, 그 부흥사가 평신도일 때였습니다. 기도를 하는데 하나님께서 캐나다의 어떤 깊은 산속에 가서 설교를 하라는 것이었습니다. 그 계시를 받은 그는 아연실색할 수밖에 없었습니다.

왜냐 하면 그곳은 인적이 없는 첩첩산중이었기 때문이었습니다. 그러나 그는 하나님의 명령을 거역할 수가 없어서 울며 겨자 먹기 식으로 하나님께서 지시하시는 곳에 가서 말씀을 외쳤답니다. 그 후 그는 주의 종이 되어 그 때 설교했던 일을 까맣게 잊고 있었는데, 어느 날 누가 자기 앞에 와서 인사를 하더랍니다. 그러나 아무리 보아도 전에 본 기억이 나지 않았습니다. 나중에 그분의 간증을 듣게 되었는데, 오래 전 그는 자살을 하기 위해 깊은 산속으로 들어갔었습니다. 그런데 난데없이 어디서 그리스도의 복음 말씀이 들려왔습니다. 숲속에 숨어서 그 말씀을 다 듣게 된 그는 결국 회개하고 그리스도를 영접하였으며 마침내 주의 종이 되어 많은 아름다운 찬송을 지어 주님께 영광을 돌리고 있다는 간증이었습니다.

이렇게 하나님이 하시는 일은 인간의 생각을 뛰어넘습니다. 그 깊은 산중에 사람이 있으리라고는 어느 누구도 상상치 못했을 것입니다. 그러나 하나님은 한 영혼을 살리기 위해 주의 종을 그곳까지 보냈던 것입니다.

그러므로 우리는 내가 원치 않고 하기 싫어도 하나님께서 원하시는 일을 해야 합니다. 더구나 주님 뜻대로 살기로 작정하고 온 일생을 바친 우리는 인간적 계산이나 인간의 뜻은 버려야 합니다.

오직 주의 종들은 하나님이 주시는 믿음의 분량 안에서 하나님을 기쁘시게 해야 합니다. 그리하여 모두가 주님 오시는 그 날, 잘했다 칭찬받는 주의 종들이 되어야겠습니다.

크리스천 리더십 (종으로서의 지도자)

리더십이란 한 사람이 다른 사람들에게 영향을 주어서 그 사람들을 움직이게 할 수 있는 능력이다. 즉, 한 사람이 다른 사람에게 영향을 끼칠 수 있는 어떤 힘을 의미하는 것이다.

구세군의 위대한 지도자 중 한 사람인 사무엘 로갠 브렝글은 "크리스천 리더십은 승진에 의해서 획득되는 것이 아니라, 많은 기도와 눈물로 얻어지는 것이다. 죄를 고백하고, 하나님 앞에 충분히 자기의 마음을 살피고, 자신을 포기하고, 모든 우상을 떠나는 용기 있는 회생의 결단을 내리고, 용감하여 죽음을 두려워하지 않고, 불의와 타협하지 않고, 불평 없이 자신의 십자가를 진 채 십자가에 못 박히신 예수님만을 영원히 흔들림 없이 바라봄으로 성취되는 것이다."라고 말하고 있다.

이와 같이 크리스천 리더십은 타고난 자연적인 것과 영적 자질의 융합으로 가능한 것이며, 철저하게 하나님의 주권으로부터 시작된다. 또 영적인 지도자는 인격의 힘으로써만 영향력을 끼치는 것이 아니고, 성령의 능력을 받은 인격으로써 다른 이들에게 영향을 주는 사람이다. 그러므로 참된 영적 지도자는 끊임없이 자기 삶에서 얻어 낼 수 있는 유익한 기쁨보다는, 하나님과 자기 동료들에게 기여할 수 있는 봉사에 보다 무한한 관심을 두는 사람이다.

크리스천 리더십의 궁극적인 목적은 하나님의 뜻을 이루는 데 있다. 때문에 크리스천 리더십은 한 교회를 움직여 나가고 생동감 있게 발전해 나가는데 필수적이다.

이런 의미에서 어떤 리더가 세워지느냐는 문제는 참으로 중요하다. 리더의 선택이 한 단체의 승패를 가름하는 척도가 된다 해도 과언이 아니다. 따라서 과연 나는 어떤 리더인가를 스스로 판단해 보고, 하나님께서 세워 주신 직분에 대해서 얼마 만큼 충성된 자로서 생활하고 있나 점검해보아야 한다.

성경에서는 리더십을 "섬기는 자", 즉 종으로서의 모습으로 제시하고 있다. 권위를 남용하는 리더가 아니라, 섬김으로 베푸는 자를 말한다.

"인자의 온 것은 섬김을 받으려 함이 아니라 도리어 섬기려 하고 자기 목숨을 많은 사람의 대속물로 주려 함이니라"(막 10:45)

"나는 섬기는 자로 너희 중에 있노라"(눅 22:27)

흠정역 성경에는 '지도자'라는 말을 좀처럼 쓰지 않고 있으며, 대신에 "하나님의 종"이라는 표현을 자주 쓴다. 성경적인 지도자의 모습은 '섬기는 자', 곧 '종'의 모습이라고 할 수 있다. 이사야서 42장에서 53장까지는 하나님의 종으로서 지도자의 개념에 대해서 메시아의 예언으로 나타난다. 여기서 "종"의 개념은 하나님의 뜻을 준행하고, 진리로 공의를 베푸는 자로, 구체적으로 여섯 가지로 보여주고 있다.

첫째, 하나님을 전적으로 의지하는 자(내가 붙드는 나의 종)
둘째, 하나님께 인정받는 자(내 마음에 기뻐하는)
셋째, 하나님의 성령으로 충만한 자(나의 영을 그에게 주었은즉)
넷째, 하나님의 겸손을 구비한 자(목소리를 높이지 아니하며)
다섯째, 하나님의 사랑을 가진 자(상한 갈대를 꺾지 아니하며)
여섯째, 하나님께 소망을 두는 자(낙심하지 아니하고)

하나님의 종으로서 지도자는 하나님을 섬기고, 하나님의 백성을 섬길 줄 아는 사람이다. 종으로서의 지도자는 하나님의 뜻을 순복하되 억지가 아닌, 자발적으로 순종하는 자이다.

신약에서는 종의 직분에 대해서 더욱 발전된 견해를 갖고 있다. 그리고 메시아이신 예수 그리스도를 종으로서의 지도자의 원형으로 삼고 있다.

예수님께서는 리더가 되려면 섬기는 자가 되고, 종이 되라고 하시며(막 10:43, 44), 스승으로서 오히려 제자들의 발을 씻기심으로 종으로서의 지도자의 모습을 실천하셨다

예수님께서는 십자가에서 죽기까지 하나님과 그의 백성을 섬기셨으며, 그 분의 희생은 영적 리더십의 기초가 되었다. 그러므로 이를 본받아 오늘날 모든 교회는 종으로서의 리더십을 가져야 할 것이다.